LE SECRET DE LA SCIENCE DE L'ENRICHISSEMENT

De Bob Proctor,
chez le même éditeur

Changez de paradigme, changez de vie, 2022.

Titre original anglais : *The Secret of the Science of Getting Rich*.

Publié pour la première fois par Gildan Media LLC aka G&D Media.

ISBN : 978-2-35456-691-3

Traduit de l'anglais par Madeleine Le Jeune.

www.diateino.com
contact@diateino.com
fr.linkedin.com/company/diateino
@diateino

BOB PROCTOR
et SANDY GALLAGHER

LE SECRET DE LA SCIENCE DE L'ENRICHISSEMENT

CHANGEZ VOS CROYANCES SUR LE SUCCÈS ET L'ARGENT

diateino

Sommaire

Avant-propos de Sandy Gallagher

Comme l'implique le titre de cet ouvrage, la science de l'enrichissement n'est pas un amas confus d'informations. C'est un plan bien conçu, méthodique et scientifique, qui a pour but de créer la richesse dans tous les aspects de votre vie.

Avec tout ce qui se passe actuellement dans le monde, il nous faut vraiment comprendre ce qui différencie le bien du mal. En vérité, ce sont vos pensées qui vont réellement définir si une chose est bonne ou mauvaise. Nous avons le choix : nous pouvons choisir de nous concentrer sur ce qui est bien ou nous pouvons choisir de nous concentrer sur ce qui est mal.

W. Clement Stone, le fondateur de la Combined Insurance Company of America (Compagnie d'assurances Combined d'Amérique), entre autres accomplissements, disait toujours « C'est bien » à tout ce qu'on lui présentait. Si quelqu'un venait lui annoncer : « Votre bâtiment a été détruit par un incendie », il répondait : « C'est bien. »

Pourquoi ferait-on cela ? Parce que si vous dites « c'est bien » à n'importe quoi, vous allez y trouver le bien qu'il renferme. Une bonne leçon de vie.

L'ouvrage qui a convaincu Bob Proctor d'enseigner l'art de la réussite était le classique du genre : *Réfléchissez et devenez riche* de Napoleon Hill. On y trouve : « Commencez à penser abondance. Un esprit discipliné est capable de créer un revenu substantiel, à compter d'aujourd'hui. »

Suite à cette lecture, Bob a cessé de penser à ses factures et à ses dettes. Il a commencé à penser abondance et s'est fixé des objectifs pour accumuler la richesse. Ce déplacement de pensée a fait toute la différence. Quand il s'est engagé à étudier et à suivre les directives de son mentor, ses revenus ont augmenté de façon spectaculaire. Il gagnait 4 000 dollars par an quand il a commencé et, en une année, ses revenus ont dépassé 175 000 dollars.

Si vous étudiez cet ouvrage et si vous êtes discipliné dans votre étude, dans vos pensées et dans vos actions, vous pourrez transformer votre revenu annuel en revenu mensuel. Bob est bien sûr allé en deçà.

L'un des traits les plus admirables chez Bob Proctor était son sens de la discipline. La discipline, c'est la faculté de se donner un ordre à soi-même et de le suivre. Il vous faut commencer par penser abondance et faire preuve de discipline dans l'étude de ces concepts. Plus vous serez discipliné, plus vous bénéficierez des enseignements de ce livre. On y parle abondance, prospérité, épanouissement.

La discipline, c'est la faculté de se donner un ordre à soi-même et de le suivre.

Lloyd Conant et Earl Nightingale ont été les premiers présentateurs à diffuser, à la radio, des conseils sur la réussite. En 1968, alors que Bob se débattait pour obtenir une carte verte afin de s'établir aux États-Unis, Lloyd Conant l'a invité à dîner.

Quand Bob lui a demandé comment il avait commencé, il a répondu : « Grâce à ce livre. » C'était *La Science de l'enrichissement*, de Wallace D. Wattles, publié en 1910. Lloyd Conant raconte que lorsqu'il a eu le livre entre les mains, il l'a dévoré en une seule nuit et a continué à le relire, encore et encore.

Bob était fasciné. « Il me le faut », a-t-il dit. Lloyd lui a donné son propre exemplaire et Bob ne l'a jamais refermé. Il l'a continuellement étudié, depuis ce temps-là, sans jamais s'arrêter.

C'est aussi le livre de Wattles qui a incité Rhonda Byrne à réaliser ce film des plus inspirants : *Le Secret*, sorti en 2006. Elle savait que Bob connaissait parfaitement le livre et l'a donc invité à paraître dans le film.

Cette année-là, c'est aussi ce livre qui a changé ma vie. En effet, le 18 août 2006, j'ai assisté à mon premier séminaire de Bob Proctor, à Vancouver, dans l'État de Washington. Je ne l'oublierai jamais.

À cette époque, j'étais avocate dans un cabinet spécialisé en droit des sociétés. Je m'occupais principalement de fusions bancaires et de créations de banques. Je les aidais pour leur introduction en Bourse et leur sécurité. Je réussissais bien.

J'étais partenaire dans le cabinet et je gagnais dans les six chiffres. Ma vie semblait une réussite.

Lorsque Bob s'est avancé sur scène et a commencé à parler, j'ai tout de suite été interpellée. J'étais fascinée par ce qu'il racontait. C'était comme s'il m'avait dévissé la tête, l'avait secouée dans tous les sens et remise en place. J'ai réévalué tout ce qui était ma vie. C'était comme si une lumière m'avait frappée et mon monde s'est élargi à ce moment précis.

Après ce séminaire intense de trois jours avec Bob Proctor sur la science de l'enrichissement, ma vie a complètement changé. Bob ne faisait que nous répéter : « Que voulez-vous vraiment ? Ne pensez pas à ce que quelqu'un d'autre veut pour vous. Ne pensez pas à ce que vous croyez qu'il est possible pour vous. Fouillez votre cœur. Si tout était possible, que voudriez-vous vraiment ? Comment voulez-vous vivre votre vie ? Que voulez-vous accomplir ? »

Mon exemplaire de *La Science de l'enrichissement* était un petit livre vert. Je l'ai ouvert et j'ai écrit : « Je veux faire partie du cercle intime de cette compagnie. Je veux être la plus proche conseillère de Bob Proctor. Je veux créer un programme avec lui pour les dirigeants et les chefs d'entreprise. » J'ai écrit tout cela en petites lettres et j'ai refermé brusquement le livre. Je ne voulais pas que quiconque voit ce que j'avais écrit et je n'allais le partager avec personne.

Dans ma tête, les choses se bousculaient. « Tu te prends pour qui ? Tu n'es qu'une avocate. Bob Proctor ne te connaît même pas. Pense à tes 401 000 dollars et ton partenariat avec le cabinet ! » Tout ce bavardage me soufflait que je n'avais pas le droit de vouloir ce que je voulais vraiment.

J'ai continué à y penser et j'ai pris une décision. J'étais tellement conquise par cette idée que j'allais la suivre. Avant de partir, à la fin du séminaire, j'ai fait cette déclaration : « Je ne sais pas comment, mais je vais le faire, parce que c'est vraiment ce que je veux faire de ma vie. » Aujourd'hui, je suis propriétaire à 50 % du Proctor Gallagher Institute. Bob et moi avons eu un fabuleux partenariat – le meilleur qu'on puisse imaginer – avec une équipe magnifique. Nous accomplissons un travail que nous aimons et qui aide les gens du monde entier.

Tout est possible si vous vous plongez vraiment dans le programme que nous offrons. Certains éléments peuvent ne pas être agréables ou excitants. Il faut juste réfléchir aux concepts et aux actions proposés et voir comment les mettre en pratique dans votre vie. Alors, tout est possible pour vous. En fait, vous pouvez créer votre propre économie. Réfléchissez-y. Vous pouvez créer votre propre économie avec la science de l'enrichissement.

Imaginons un couple vivant tous les deux dans la même maison. L'un d'eux vit comme à l'époque de la Grande Dépression, l'autre vit dans la plus grande période de prospérité de sa vie. Comment l'expliquer ?

L'un opère en harmonie avec la loi. Il est de ceux qui construisent une belle image de ce qu'ils désirent. De ceux qui sont émotionnellement impliqués avec l'idée de leurs désirs, ce qui change la vibration dans laquelle ils sont. Ils attirent à eux tout ce dont ils ont besoin pour que leurs désirs s'accomplissent. Ils ont créé leur propre économie. L'autre personne pense à tout de façon négative – aux raisons pour lesquelles elle ne peut pas agir – et à toutes les mauvaises nouvelles qui circulent.

Tous deux ont raison. Souvenez-vous, toute chose est à la fois bonne et mauvaise. Vous avez donc raison, quelle que soit la perspective que vous prenez, mais de quel côté voulez-vous être ? Bien évidemment, vous voulez être du côté qui va vous donner les résultats que vous recherchez.

Si vous suivez ce programme, si vous faites les exercices et réfléchissez à ces concepts, votre avenir sera absolument merveilleux.

Chacun veut la liberté. Pourquoi voulons-nous si désespérément être libres ? Parce que nous sommes des êtres spirituels. L'esprit est pour l'expansion, la liberté, une plus grande expression. Nous voulons exprimer les désirs de notre cœur. Nous voulons exprimer une plus grande partie de nous-mêmes. Voilà ce dont nous sommes avides.

Nous avons envie de liberté d'argent et de temps.

Quand je repense à mes débuts dans le cabinet d'avocats, quand je travaillais à Wall Street, je me rends compte que nous n'avions ni liberté de temps ni liberté d'argent. Nous gagnions beaucoup d'argent, mais le travail n'était qu'une corvée. Mes collègues et moi ne connaissions pas d'autre voie.

Souvenez-vous, toute chose est à la fois bonne et mauvaise. Vous avez donc raison, quelle que soit la perspective que vous prenez, mais de quel côté voulez-vous être ?

C'est pourquoi nous avons besoin d'une prise de conscience. Vous serez étonné par la quantité de temps libre dont vous disposez quand vous n'avez plus jamais besoin de penser à l'argent (alors que c'est ce que font continuellement la plupart des gens). Même lorsque je gagnais un revenu à six chiffres, je me demandais comment je pourrais en gagner davantage. Comment je pourrais offrir plus de services. Comment je pourrais aider davantage de gens ? Je me heurtais à un mur. Je pensais sans arrêt : « Je dois travailler plus d'heures », car les avocats sont payés à l'heure et il n'y a que tant d'heures dans une journée. Ma conscience n'en était pas au point où je pouvais entrevoir une autre voie possible.

Votre niveau de conscience est la clé. Votre capacité à devenir riche en dépend. Si vous n'en changez pas, vous ne changerez pas vos résultats. Sensibilisation et prise de conscience sont absolument essentielles.

Représentez-vous la conscience comme un point. Si nous élargissons notre conscience, ne serait-ce qu'un peu, nous pouvons voir qu'elle devient un cercle en expansion. C'est notre monde qui s'élargit. Voyez comme votre monde est bien plus grand. Juste un petit changement et votre monde s'amplifie de façon spectaculaire.

Nous gagnons en conscience grâce aux expériences que nous vivons. Tout ce que nous voyons, sentons, touchons et entendons élargit notre conscience. L'expérience que vous vivrez avec ce livre élargira votre conscience en vous offrant une nouvelle façon de penser.

Vous augmentez votre niveau de conscience
grâce à une éducation efficace,
combinée à un coaching professionnel d'excellence,
dans un délai raisonnable.

Ce contenu offre une profonde sagesse, lorsque vous commencerez à l'étudier, de façon méthodique et scientifique, vous verrez une énorme croissance dans votre vie.

Notre objectif est d'élargir constamment votre conscience. Voyez-le ainsi : si une personne gagne 100 000 dollars par an et qu'elle veut gagner 100 000 dollars par mois, comment doit-elle s'y prendre ? Elle doit gagner en connaissance.

Les gens ne gagnent pas 100 000 dollars par an parce qu'ils le veulent, ils gagnent 100 000 dollars par an parce qu'ils ne savent pas comment gagner 100 000 dollars par mois. Croyez-vous que s'ils découvraient comment gagner 100 000 dollars par mois, ils diraient : « Je crois que je vais en rester à 100 000 dollars par an » ? Sûrement pas. Pourquoi ? Parce que nous sommes des êtres spirituels, et l'esprit est du côté de l'expansion et de la plus grande expression.

Nous voulons servir davantage. Nous voulons faire davantage de bien. Si nous transformons notre revenu annuel de 100 000 dollars en revenu mensuel de 100 000 dollars, cela nous donne un autre million de plus pour faire le bien. Vous pouvez faire beaucoup de bien avec 1 million de dollars.

Comment augmenter votre niveau de conscience ? Par une éducation efficace, combinée à un coaching professionnel d'excellence, dans un délai raisonnable. Vous devez étudier chaque jour. Laissez votre conscience se construire, encore et encore. Cela va aussi augmenter vos connaissances sur l'acquisition de l'argent.

J'ai fait de bonnes études. J'ai beaucoup appris. Après l'école de droit, je suis restée avocate pendant vingt ans. J'ai obtenu l'*American Jurisprudence Award* (Prix de la jurisprudence américaine) en tant que première étudiante en droit bancaire du pays. J'ai travaillé pour les plus grands cabinets de Wall Street. Les affaires de mon cabinet d'avocats marchaient magnifiquement bien.

Est-ce que j'avais du succès ? Bien sûr. Mais quand je pense à ces vingt-deux ans et les compare aux quinze ans passés à étudier, en partenariat avec Bob Proctor, mes années d'avocate me paraissent insipides. Depuis lors, mes revenus se sont incroyablement multipliés. Mon mode de vie est bien plus abondant et bien plus beau qu'il ne l'était – avec de profondes amitiés dans le monde entier et, chaque jour, je travaille avec une merveilleuse équipe. J'adore ma vie. Tout cela est le résultat de la discipline, de l'étude et d'une prise de conscience grandissante. Si vous vous pliez vraiment à ce programme, vous obtiendrez de magnifiques résultats dans votre vie.

C'est triste de voir un enfant qui a peur du noir. Mais vous savez quoi ? Beaucoup d'adultes ont peur de la lumière et c'est encore plus triste. Ils ne savent même pas de quoi ils ont peur.

Vous ne devez pas craindre la lumière. Vous devez continuer d'apporter plus de lumière, éliminer l'obscurité et élargir votre conscience.

Voici une profonde vérité : *tout ce que tu cherches te cherche.* La première fois que Bob a dit ces mots, je me suis demandé : « Mais de quoi parle-t-il ? » Voyez-le comme ceci : si vous avez une idée à laquelle vous attachez beaucoup d'émotion, vous l'imprimez, comme une belle et grande image représentative de votre désir, sur votre subconscient. Ainsi, vous changez votre vibration et attirez à vous ce dont vous avez besoin. Vous cherchez à réaliser un grand objectif et il vous renvoie ce dont vous avez besoin. Ce que vous cherchez vous cherche. Il s'agit d'induction et de résonance.

À nouveau, le secret pour vivre la vie que vous désirez se trouve dans l'implication de votre conscience et nous devons travailler à élargir notre conscience. La vérité, c'est que la plupart des gens ne font pas cet effort. Mais si vous le faites, si vous vous engagez chaque jour à prendre le temps d'élargir vos connaissances et d'étudier un contenu qui vous donnera de bonnes idées sur la façon de conduire votre vie, vous ne pourrez jamais perdre. En fait, vous serez amplement récompensé.

Tout commence par une prise de décision. Tout au long du livre, on vous demandera de prendre des décisions. Vous allez vous interroger : « Est-ce que je veux faire ça ? Est-ce que je veux m'investir là-dedans ? Est-ce que je veux poursuivre ce projet ? »

Votre esprit va être submergé par une information incroyable sur l'éveil de la conscience et une multitude d'idées vont vous venir.

Lors de ce premier séminaire, je me suis sentie dépassée : c'était comme si je vibrais à un niveau complètement différent. Alors même que j'étais assise dans la salle du séminaire, mon esprit flottait dans les bureaux des dirigeants et les salles de réunion des conseils d'administration, explorant comment je pourrais créer un programme.

Quelques conseils pour retirer le maximum de ce livre :

Chaque jour, consacrez un moment à l'expansion de votre conscience et à l'étude de ce livre.

Prenez rapidement des décisions basées sur les idées qu'il contient et n'en changez pas souvent (ou mieux, pas du tout).

Ouvrez votre esprit et laissez ces idées le pénétrer profondément.

Demandez-vous : « Qu'est-ce que je désire ? » Que désirez-vous vraiment ?

C'est ce qui va vous arriver. Vous allez vous donner l'ordre de prendre des décisions. Prenez-les rapidement, ne revenez pas en arrière et ne changez pas d'avis. Vous devez prendre rapidement des décisions, en changer très rarement ou pas du tout. C'est l'une des grandes clés du succès.

J'ai pris une décision lors de ce séminaire, à Vancouver, dans l'État de Washington, le 18 août 2006. Je me remercie infiniment de l'avoir prise, je ne l'ai jamais regrettée. Il y a énormément de puissance à ne jamais revenir en arrière.

Vous devez prendre des décisions, prenez-les rapidement et entreprenez de vivre la vie que vous voulez vraiment vivre. J'éprouve tellement de gratitude pour ma rencontre avec Bob, en 2006, qui aura finalement abouti à notre partenariat. C'était un homme remarquable.

Ayez l'esprit ouvert et laissez ces idées y pénétrer profondément. Quand je me suis ouverte à ce discours de Bob : « Que voulez-vous ? Que voulez-vous vraiment ? », j'ai laissé mon imagination s'envoler, j'ai pris des décisions et j'ai fait des choses difficiles. La récompense a été énorme et je voudrais qu'il en soit de même pour vous.

CHAPITRE UN

Devenir riche est un droit et un devoir

Depuis le jour où Lloyd Conant m'a offert mon premier exemplaire de *La Science de l'enrichissement*, mon univers a complètement changé. J'ai commencé à étudier et à comprendre quelque chose que la plupart des gens ne comprennent jamais et qui reste un mystère toute leur vie.

En parcourant cet ouvrage, vous allez être confronté à certaines idées et vous allez sortir des sentiers battus. Vous allez vous surprendre à penser : « Mais c'est fou ! Il croit vraiment à tout cela ? »

Non seulement c'est ce que nous croyons, mais *c'est ce que nous sommes*. Nous incarnons ces idées tout le temps. Je me lève tous les matins à 5 heures ou cinq heures et demie. Je commence mon temps d'étude, je ne m'arrête pas parce que je sais que j'ai affaire à une ressource inépuisable.

Il est écrit dans la Bible : « Et avec tout ce que tu possèdes, acquiers l'intelligence » (Proverbes 4 : 7). Peu m'importe que votre intelligence soit élevée, elle peut s'améliorer.

La compréhension est le pôle opposé du doute et de l'inquiétude. Si vous vous inquiétez et doutez de vous-même, cherchez l'intelligence des choses : voilà la clé. De toutes vos acquisitions, acquérez l'intelligence. Vous l'attirerez en saturant votre esprit de cet enseignement. Vous pénétrerez dans cette vibration. L'attraction est une loi secondaire. Ce n'est pas une loi première. La loi de vibration est une loi première. Elle décrète : « Tout change. Rien ne demeure. » Tous les objets dans la pièce où vous vous trouvez semblent immobiles, mais en réalité ils sont en mouvement. Ils bougent si rapidement qu'ils paraissent immobiles. Votre corps tout entier bouge à une vitesse tellement fulgurante – au rythme de quarante millions de cellules par seconde – qu'il semble immobile lui aussi. (Du reste, on peut photographier l'énergie qui émane du corps. Il y a un certain temps déjà, en 1934, en Russie, Semyon Kirlian a inventé un système qui permettait de la photographier.) Nous devons comprendre que cet univers tout entier opère selon des lois et non par accident.

À l'époque où j'ai commencé à étudier ces informations, en 1961, j'étais malheureux, j'étais malade, j'étais sans argent. Je n'avais que deux mois d'éducation secondaire, j'avais un dossier professionnel lamentable et un sale caractère. Pourtant, j'avais l'audace de dire que les auteurs de ces ouvrages étaient fous.

Nous avons tendance à critiquer ou ridiculiser tout ce que nous ne comprenons pas. À cette époque-là, je ne pouvais pas expliquer tout ce que ces gens affirmaient, alors je disais que c'était fou et je rejetais tout en bloc.

À présent, je vous recommande de prendre papier et crayon et d'écrire : *Ne rejette rien.*

Ensuite, écrivez en dessous : *N'accepte rien.* Vous n'avez pas à rejeter quoi que ce soit, pas plus que vous n'avez à l'accepter. La merveilleuse vérité, c'est que vous et moi avons le pouvoir de choisir. Vous pouvez ne pas vouloir accepter une idée, mais ne la rejetez pas. Examinez-la. Réfléchissez-y. La réflexion est la plus haute fonction dont nous sommes capables, mais malheureusement nous ne l'utilisons pas assez.

Ne rejetez rien. Écoutez tout. Ce qui ne veut pas dire que vous devez tout accepter. Pensez-y, considérez-le.

Les écrivains Stewart Edward White et Harwood White ont remarqué la façon curieuse dont nous acquérons la sagesse. On nous met la même vérité sous le nez, maintes et maintes fois. Nous la lisons dans des écrits. Nous souffrons des expériences qu'ils décrivent. Petit à petit, nous l'acceptons, nous l'approuvons intellectuellement, mais rien ne se passe en nous. Puis, un jour, une expérience, ou un mot, ou une rencontre, quelque chose de tout à fait trivial, nous arrête. Une lueur d'illumination pénètre dans les profondeurs de notre conscience. Un éclair brillant nous révèle cette vérité tout entière et nous nous demandons pourquoi sa compréhension nous a si longtemps échappé.

Si rien n'arrive à l'intérieur de nous, rien n'arrivera à l'extérieur de nous. Si vous voulez que votre compte bancaire augmente, vous devez changer.

Si vous voulez une relation amoureuse harmonieuse, vous devez changer. Si vous voulez voir grandir votre business, vous devez changer.

Les règles de Bob Proctor pour l'étude de cet ouvrage :

1. Ne rejetez rien.
2. N'acceptez rien.
3. Écoutez bien tout.
4. Réfléchissez et considérez tout.
5. Appliquez les idées qui font sens pour vous.

Napoleon Hill a passé toute sa vie à observer cinq cents individus qui faisaient partie de l'élite de son temps. Il en a tiré les lois du succès qu'il a exposées dans son livre : *Réfléchissez et devenez riche*. Il y présente les pensées des hommes de son temps, de 1908 à 1937, qui ont le mieux réussi dans leur entreprise – des hommes comme Henry Ford, King Gillette et Thomas Edison. Malgré tout, quelle que soit la quantité de lecture ou de mémorisation que vous ferez, ce n'est pas cela qui vous amènera à la réussite. Ce qui vous fera réussir, c'est la compréhension et la mise en pratique de pensées de sagesse.

Lloyd C. Douglas a écrit un ouvrage intitulé : *Magnificent Obsession* (*L'Obsession magnifique*). Je me demandais bien comment une obsession pouvait être magnifique. Je pensais que c'était quelque chose de négatif. J'en ai donc cherché la définition que voici : « la préoccupation persistante et perturbante d'une idée souvent déraisonnable ».

« Obsession : la préoccupation persistante et perturbante d'une idée souvent déraisonnable. »
– Lloyd C. Douglas

Cela peut être très positif.

Il n'y a pas de fin à ce que vous êtes capable de faire – absolument aucune. Votre ADN spirituel est parfait. Qu'est-ce que je veux dire par là ? Vous êtes la plus haute forme de création de Dieu. Il n'y a rien sur la planète qui s'en approche.

Toutes les autres créatures sur la planète sont complètement à l'aise dans leur environnement, mais les êtres humains sont totalement désorientés. Nous ne nous fondons pas dans notre environnement, car nous avons été dotés de la capacité divine de créer notre propre environnement. Nous avons reçu de plus hautes facultés. Nous avons des facultés mentales que, pour autant que nous sachions, aucune autre forme de vie ne possède.

Nous avons été créés à l'image de Dieu. La perfection existe en nous. C'est le cœur de notre être et de notre conscience, et cette perfection cherche à jamais à s'exprimer en nous et à travers nous. Elle veut s'exprimer plus grandiosement. C'est la raison pour laquelle vous voulez toujours plus. Ce n'est pas parce que vous êtes cupide. Ce n'est pas parce que vous n'avez pas assez. Vous voulez davantage, car l'essence de qui vous êtes veut s'exprimer plus largement. Si vous courez, vous voulez courir plus vite. Si vous sautez, vous voulez sauter plus haut. Si vous vendez, vous voulez vendre plus.

Vous entendrez souvent les gens dire qu'ils sont des êtres spirituels vivant une expérience physique. C'est ce que vous expérimentez dans cette vie.

Ce qui nous sépare de tout le reste du royaume animal, c'est que nous sommes dotés d'un intellect. Par un usage approprié de notre intellect, nous pouvons contrôler et changer nos émotions. L'intellect active les émotions.

Examinons maintenant l'esprit. Où est-il ? Si vous consultez n'importe lequel des grands classiques de la spiritualité : la Bhagavad-gîtâ, le Coran, la Torah, la Bible, le Livre de Mormon, ils vous diront tous que l'esprit est partout. L'esprit est également présent en tout endroit en tout temps. Où est Dieu ? Dieu est partout. Wernher von Braun, le père du programme spatial américain, était probablement le plus grand scientifique qui ait jamais vécu. Il disait que des années d'étude des mystères spectaculaires de l'univers l'avaient conduit à croire fermement en l'existence de Dieu. Il disait que les lois naturelles de l'univers sont si précises que nous n'avons aucune difficulté à construire des vaisseaux spatiaux, envoyer des gens sur la Lune et ajuster l'alunissage à une fraction de seconde près. Il disait que ces lois avaient dû être érigées par quelqu'un.

Le côté le plus élevé de votre personnalité est votre côté spirituel. Le côté le plus bas est votre côté physique.

Voici ce que je veux que vous essayiez de comprendre. Vous avez été doté d'un intellect qui vous permet de changer le monde. Chaque fréquence vibratoire est attachée à celle qui est au-dessus et au-dessous d'elle. Nous pouvons puiser dans un niveau supérieur pour changer un niveau inférieur. Aucune autre forme de vie ne peut faire cela.

Le côté le plus élevé de votre personnalité
est le côté spirituel.
Le côté le plus bas est le côté physique.

Voici un autre concept. Si je fais chauffer de l'eau, que se passe-t-il ? L'eau va cesser d'être de l'eau, elle va commencer à devenir de la vapeur. Cela ne s'appelle même plus de l'eau. Si vous continuez à chauffer, la vapeur se transforme en gaz, elle devient de l'air. Tout comme la vapeur est à un niveau supérieur de l'eau, l'air est à un niveau supérieur de la vapeur. Ils sont tous connectés.

Ceci est l'une des premières lois de l'univers : la transmutation perpétuelle de l'énergie. L'énergie se meut toujours en forme, à travers la forme, et sort de la forme. Vous pouvez faire de même. Voici ce que vous êtes : un être spirituel, doté d'un intellect, qui vit dans un corps physique. Quelle est la plus haute fonction dont vous êtes capable ? Penser. Tout comme l'esprit, les pensées sont omniprésentes. Vous pouvez penser sous l'eau, dans l'air, ou en descendant la rue. Lorsque vous réfléchissez, vous rassemblez vos pensées pour former des idées.

Si vous observez un objet quelconque, vous pouvez comprendre qu'un jour, ce n'était rien qu'une idée. Un objectif est aussi une idée. Si vous gardez cette idée suffisamment longtemps, elle doit se transformer en forme. C'est une loi absolue de l'existence. C'est un concept magnifique et pourtant la plupart des gens ne le comprennent pas.

Vous devez changer votre esprit si vous voulez changer vos résultats. Vous devez changer votre esprit si vous voulez changer votre compte en banque. L'esprit est dans chaque molécule de votre être. Il est tout autant dans votre ongle que dans votre cerveau. L'esprit est mouvement. Le corps est une manifestation de ce mouvement : le corps est l'instrument de l'esprit.

Nous pouvons dire que l'esprit se divise en deux parties : le conscient et l'inconscient. L'esprit conscient est la partie de vous-même qui pense. C'est aussi là que réside l'intellect.

C'est avec votre esprit conscient que vous avez la capacité de penser ce que vous choisissez de penser. Viktor Frankl, un psychiatre juif, a passé les années de la Seconde Guerre mondiale dans un camp de concentration nazi. Il a écrit un ouvrage devenu célèbre : *Man's Search for Meaning*

(*L'Homme en quête de sens*). Il raconte que, quelles que soient les tortures qu'on lui infligeait, personne ne pouvait l'obliger à penser quelque chose qu'il ne voulait pas penser.

Cela est vrai pour vous aussi. Personne ne peut vous obliger à penser quelque chose que vous ne voulez pas penser. Vous avez la capacité de choisir. Le subconscient est l'esprit émotionnel. Il est complètement différent de l'esprit conscient. Contrairement à ce dernier, il ne peut rejeter une idée : il doit accepter les pensées qui lui sont présentées. Il est comme la terre, qui fait pousser tout ce que vous y plantez, quelle que soit sa nature. Dans un célèbre enregistrement, *The Strangest Secret* (*Le Secret le plus étrange*), Earl Nightingale, le conférencier inspirant, disait que vous pouvez semer du maïs, un aliment doux, ou vous pouvez semer de la belladone, un poison mortel. L'un poussera aussi abondamment que l'autre. Votre subconscient n'est pas capable de faire la différence entre ce qui est réel et ce qui est imaginé.

Puisque c'est avec notre esprit conscient que nous avons la capacité de choisir, disons que vous choisissez de changer de vie. Que devez-vous faire ? Vous devez réfléchir avec précision sur la façon dont vous voulez vivre.

Mettez précisément par écrit tout ce que vous voulez vivre dans tous les domaines de votre vie. Faites-en une description au temps présent. Quand vous faites passer cette idée à l'esprit subconscient, celui-ci ne sait pas que ce n'est qu'une image. Il l'accepte comme étant réelle. Vous avez alors cette belle image écrite au temps présent. Quand vous apposez ce sceau sur votre esprit subconscient, vous entrez dans une vibration telle que vous attirerez tout ce qui est en harmonie avec cette image.

Mettez par écrit ce que vous voulez vivre
dans tous les domaines de votre vie.
Écrivez votre description au temps présent
et concentrez-vous sur elle.
Alors l'esprit subconscient agira selon cette image
comme si elle était réelle.

De nos jours, beaucoup d'informations atteignent votre esprit conscient, par les médias sociaux, par d'autres gens, par la télévision, par les journaux. Mais vous avez toujours le pouvoir de penser, vous pouvez vous dire : « Je ne veux pas entendre ce genre d'information. Je ne veux rien savoir de toutes ces histoires. »

Le problème, c'est que nous ne faisons pas cela. Pourquoi ? Parce que nous ne réfléchissons pas. Nous laissons notre esprit grand ouvert. Toute cette négativité pénètre tout droit dans notre subconscient qui n'a pas la capacité de la rejeter, c'est donc la vibration dans laquelle nous sommes.

Alors, pourquoi nous comportons-nous ainsi ? Parce que nous sommes programmés pour vivre de cette façon. Nous agissons ainsi à cause d'un paradigme, c'est-à-dire d'une multitude d'habitudes qui sont fixées dans notre subconscient.

Nous n'avons pas construit nous-mêmes ce paradigme. On l'a construit en nous quand nous étions petits. Quand nous étions bébés, tout ce qui se passait autour de nous pénétrait tout droit dans notre subconscient, car il était grand ouvert. C'est pour cela que nous apprenons la langue de notre entourage quand nous sommes enfants. Si vous étiez né dans une famille qui parlait anglais, mais qu'on vous avait retiré de cette famille pour vous mettre dans un faubourg de Beijing, vous auriez grandi en parlant couramment le chinois, sans aucune connaissance de l'anglais. Pourquoi ? Parce que vous auriez été entouré de personnes qui ne parlent que le chinois. Je suis né en 1934, pendant la Grande Dépression, quand il n'y avait que manque et restriction. Puis, alors que je n'étais qu'un petit écolier, la Seconde Guerre mondiale a éclaté et tout était rationné. Tout ce manque et ces restrictions ont été programmés dans mon subconscient.

Savez-vous que l'image que vous avez de vous-même a été construite il y a longtemps, quand vous étiez encore un petit enfant ? Vous n'avez pas choisi cette image. Quelqu'un d'autre l'a dessinée pour vous. Vous ne l'avez peut-être pas construite, vous n'en êtes peut-être pas responsable, mais vous *êtes* responsable de sa transformation. Si vous avez des limites, vous ne les avez pas érigées vous-même, mais c'est votre devoir de les changer. Et nous en sommes tout à fait capables.

Un paradigme est un programme mental qui a le contrôle quasi exclusif de notre comportement habituel. Notre comportement tout entier est pratiquement fait d'habitudes. Nous sommes programmés dans notre subconscient à penser et vivre tel que nous le faisons.

Un paradigme est un programme mental
qui a le contrôle quasi exclusif
sur notre comportement habituel.

Voici ce que je veux vous demander maintenant : regardez vos résultats. S'ils ne sont pas vraiment bons, prenez la décision de les changer.

Nous allons à l'école à un très jeune âge. L'école nous enseigne un savoir utile, mais elle ne nous apprend pratiquement rien sur les paradigmes. Par conséquent, nous ne faisons pas ce que nous savons déjà faire. Même si nous avons la connaissance dans notre esprit, les paradigmes contrôlent notre comportement. Nous avons une connaissance supérieure, mais des résultats inférieurs, ce qui cause de la confusion et de la frustration.

Certaines personnes sont absolument brillantes, mais leurs résultats sont terribles. Elles sont vraiment intelligentes, mais n'ont pas d'argent. Elles sont très compétentes, mais elles ne savent pas comment construire des relations avec les autres. Leur savoir ne contrôle pas leur vie, leurs paradigmes contrôlent leur vie. Si elles veulent changer de résultats, elles doivent changer de paradigme.

Votre esprit conscient, votre esprit intellectuel, décidera si vous voulez changer de paradigme ou pas. L'esprit intellectuel contrôle l'esprit émotionnel. À son tour, l'esprit émotionnel impose la vibration dans laquelle vous vous trouvez et elle va contrôler ce que vous attirez à vous.

Nos facteurs intellectuels incluent la perception, l'intuition, la raison. Mais voilà le problème : l'école ne nous a rien appris de tout cela. Nous avons toutes ces magnifiques facultés dans notre esprit conscient, nous pouvons les utiliser pour changer de vibration, mais nous ne savons même pas qu'elles existent.

Quoi que l'on puisse dire des vertus de la pauvreté, il n'en demeure pas moins qu'il est impossible de vivre une vie réellement réussie à moins d'être riche. Les gens peuvent ne pas être d'accord et vous dire que vous n'avez pas besoin d'argent pour être heureux. Mais ce n'est pas ce que j'avance ici. Je vous ai déclaré qu'il était impossible de vivre une vie épanouie et réussie à moins d'être riche. Nous ne pouvons pas accéder à notre plus haut potentiel ou exprimer pleinement notre talent, ou encore développer notre spiritualité, à moins d'avoir beaucoup d'argent. Afin de permettre à notre âme de s'épanouir et afin de développer notre talent, il nous faut avoir beaucoup de choses à notre disposition. Nous ne pouvons disposer de ces choses que si nous avons de l'argent pour les acheter.

Votre essence est esprit. L'esprit est parfait. Il cherche toujours à s'élargir et à s'exprimer davantage. Vous ne pouvez vous élever à votre plus haut potentiel à moins d'avoir de l'argent. Les gens développent leur esprit, leur âme et leur corps en utilisant des biens et la société est organisée de telle façon que les gens doivent avoir de l'argent pour posséder ces biens. C'est la nature du commerce. L'argent est un moyen, nous l'échangeons pour les produits ou les services des autres.

Chacun de nous a droit à la richesse. Ce qui signifie le droit à l'usage libre et sans restriction de toutes les choses qui peuvent être nécessaires à notre plus grand épanouissement mental, spirituel et physique. En d'autres termes, nous avons le droit d'être riches.

Être vraiment riche ne signifie pas être satisfait ou se contenter de peu. Vous pouvez dire : « Je n'ai pas besoin de tout cela pour m'en sortir. » Non, c'est faux. Les écureuils viennent à notre porte le matin pour chercher les amandes que nous leur lançons. Je ne veux pas vivre comme les écureuils. Je ne veux pas attendre que quelqu'un me jette quelque chose à manger. Je veux vivre une vie empreinte de dignité. Je veux vivre dans l'abondance. Je veux être philanthrope, dans toutes mes pensées et dans tout ce que je fais. Je veux aider chacun. Si vous en avez la capacité, pourquoi pas ?

Être vraiment riche ne signifie pas être satisfait ou se contenter de peu, alors que vous êtes capable d'utiliser et de jouir de plus. Le but de la nature, c'est l'avancement ou le développement de la vie. Je crois que nous sommes ici pour accomplir le travail de Dieu. Le travail de Dieu est une plus grande bonté. Le but de Dieu est l'expansion, l'expression et le plus grand bien. Si vous êtes ici pour exécuter le travail de Dieu, vous êtes ici pour faire le plus grand bien.

Faites-vous le plus grand bien possible ? Êtes-vous satisfait de ne pas faire le plus grand bien que vous pourriez faire parce que vous n'avez pas assez d'argent ? Gagnez davantage. Tout le monde peut gagner davantage d'argent. Il n'y a pas de fin. Tout l'argent du monde est à votre disposition. Tout ce que vous avez à faire, c'est de le gagner. Le but de la nature, c'est l'avancement et le développement de la vie. Chacun devrait avoir tout ce qu'il peut utiliser pour contribuer à la puissance, à l'élégance, à la beauté, à la richesse de la vie. Quand vous possédez tout ce que vous désirez pour vivre la vie que vous êtes capable de vivre, vous êtes riche.

Vous ne pouvez pas vous procurer tout ce que vous désirez sans beaucoup d'argent. La vie a tellement évolué et est devenue si complexe que même l'homme ou la femme la plus ordinaire a besoin d'une grande quantité d'argent pour vivre d'une manière qui s'approche de la complétude. Il est de votre nature de devenir tout ce que vous êtes capable de devenir.

Le désir de réaliser une possibilité quelconque et toutes les possibilités est inhérent à la nature humaine. Il y a quelque chose en vous qui veut que vous grandissiez. Les gens qui ne font pas tout ce qu'ils sont capables de faire sont très frustrés. Vous devez trouver le moyen d'exprimer votre talent. Vous devez trouver le moyen d'exprimer ce dont vous êtes capable.

Je crois que chacun d'entre nous est programmé pour accomplir très bien quelque chose. Je crois que vous êtes talentueux. Il y a un don en vous et si vous ne l'utilisez pas, vous ne profitez pas de la vie.

Il y a trois motifs pour lesquels nous vivons. Nous vivons pour le corps, pour l'esprit et pour l'âme. Aucun d'entre eux n'est meilleur qu'un autre. Chacun est désirable et ni le corps, ni l'esprit, ni l'âme ne peuvent s'épanouir pleinement si l'un des deux autres n'est pas vécu pleinement et ne s'exprime pas pleinement. Il n'est ni juste ni noble de vivre seulement pour l'âme et de nier l'esprit et le corps. Nous devons vivre dans les trois. Les vœux de pauvreté n'ont aucun sens pour moi. De même qu'il est mal de vivre pour l'intellect et de négliger le corps et l'âme. Au chapitre 1 de *La Science de l'enrichissement*, Wallace Wattles écrit :

> « Il est parfaitement légitime que vous désiriez être riche. Si vous êtes un homme ou une femme normale, vous ne pouvez pas vous en empêcher. Et il est parfaitement légitime de prêter attention à la science de l'enrichissement, car c'est une étude des plus nobles et des plus nécessaires. Si vous négligez cette étude, vous délaissez votre devoir envers vous-même, Dieu et l'humanité. En vérité, vous ne pouvez rendre à Dieu ou à l'humanité de plus grand service que de tirer le meilleur parti de vous-même. »

Voulez-vous faire quelque chose pour le monde ? Tirez le meilleur parti de vous-même. Soyez le meilleur de vous-même dans ce que vous faites.

Exercices d'application pour les trois motifs pour lesquels nous vivons :

1. *Le corps* – Écrivez une description de votre corps idéal, du point de vue de la santé et du point de vue physique.

2. *L'esprit* – Où en est votre mémoire ? Êtes-vous créatif ? Écrivez trois idées sur comment améliorer vos facultés mentales.
3. *L'âme* – Écrivez une description claire des types d'activités qui donnent à votre âme un profond sentiment de satisfaction et vous font vous sentir vivant.

CHAPITRE DEUX

Travailler selon les lois

La science de l'enrichissement est une science exacte,
tout comme l'algèbre et l'arithmétique.
Certaines lois régissent le processus de l'enrichissement.
Quiconque apprend ces lois et leur obéit s'enrichira.
C'est une certitude mathématique.
– La Science de l'enrichissement

La loi d'attraction a été rendue célèbre par le film de Rhonda Byrne *Le Secret*, sorti en 2006. On a tout de suite commencé à écrire des ouvrages sur la loi d'attraction, sans toujours bien la saisir. Peu de gens la comprennent en profondeur.

De fait, l'attraction n'est qu'une loi secondaire car il existe une seule grande loi. Selon la théologie, cette grande loi est celle-ci : Dieu EST.

Dieu n'est ni créé ni détruit, Il est la cause et l'effet de Lui-même. Il est 100 % également présent en tous lieux, au même moment. Selon la science, la même loi décrète que l'énergie est.

Toute science physique et mentale se fonde sur cette grande loi et sur ses sept lois subsidiaires, qui opèrent en coordination les unes avec les autres.

Les sept lois primaires de l'univers :

- la vibration ;
- la transmutation perpétuelle ;
- la relativité ;
- la polarité ;
- le rythme ;
- la loi de cause à effet ;
- le genre.

La vibration est l'une de ces lois primaires. Tout est en mouvement, rien n'est au repos. Savez-vous qu'un corps dans un cercueil bouge ? Vous me direz : « Mais non, il est mort. » Rien n'est mort. Rien n'est créé ou détruit. Tout est dans une évolution de changement constant.

Réfléchissez. Si le corps dans un cercueil ne changeait pas, comment deviendrait-il poussière ? La vibration est constante. Les murs de la pièce où vous vous trouvez sont en mouvement. Ils semblent immobiles, mais rien n'est immobile. Tout est en mouvement. Nous vivons dans un océan de mouvement.

C'est pour cette raison que les pensées que j'entretiens, particulièrement celles dans lesquelles je suis émotionnellement impliqué, vont dicter la vibration dans laquelle je suis. Je ne peux attirer à moi que les émotions qui vibrent en harmonie avec moi. Si je suis dans une vibration négative, je vais attirer de mauvaises choses. Si je suis dans une bonne vibration, je vais attirer de bonnes choses.

Un jour, le président John Kennedy a demandé à Wernher von Braun : « Que faudrait-il pour construire une fusée qui enverrait un homme sur la Lune et le ferait revenir sain et sauf sur Terre ? » Von Braun a répondu : « La volonté de le faire. »

La volonté est la faculté mentale qui vous permet de maintenir une idée sur l'écran de votre esprit à l'exclusion de toutes distractions extérieures. La plupart des gens n'arrivent pas à garder une idée sur l'écran de leur esprit pendant plus d'une seconde ou deux, mais c'est une capacité que vous pouvez acquérir.

> Une conversation décisive du président Kennedy :
>
> Président John Kennedy : « Que faudrait-il pour construire une fusée qui enverrait un homme sur la Lune et le ferait revenir sain et sauf sur Terre ? »
> Wernher von Braun : « La volonté de le faire. »

Je vous propose une technique. Mettez un petit point sur le mur en face de votre chaise habituelle. (Ne dites à personne ce que vous avez fait. Si quelqu'un le voit, il pensera que c'est une mouche sur le mur.) Assoyez-vous et concentrez-vous sur ce point. Mettez toute votre attention sur le point. Ne laissez pas votre esprit quitter ce point. Cet exercice développera votre volonté.

Vient ensuite la loi de **transmutation perpétuelle**. L'énergie est en perpétuel mouvement, elle se meut pour se transformer en forme, pour traverser une forme, et pour sortir d'une forme. Grâce à notre corps, nous nous déplaçons dans la forme et nous allons traverser la forme.

Puis, nous avons la **relativité**. Tout est relatif. Rien n'est grand, rien n'est petit. Exercez-vous à penser ainsi : si vous pensez que gagner 1 million de dollars, c'est beaucoup d'argent, assoyez-vous, prenez papier et crayon et trouvez comment gagner 2 millions. Alors, 1 million va vous paraître petit. Il paraît grand, car vous le mettez en relation avec, disons, 50 000 dollars, 150 000 dollars. Vous devez le faire apparaître petit.

J'en ai parlé un jour avec Peggy McColl qui me disait qu'elle et son mari cherchaient à acheter une propriété. Elle avait visité une maison qui lui plaisait vraiment, mais c'était un million de plus que ce qu'ils voulaient payer. Je lui ai conseillé : « Faites en sorte que le million ait l'air petit. » Deux jours plus tard, j'avais sur mon ordinateur un courriel de Peggy avec une couverture de livre. Son titre : *Make a Million Look Small* (*Comment un million peut paraître petit*).

Nous avons ensuite la loi de la **polarité**. Elle décrète que tout a un contraire. Il n'y aurait pas un intérieur de votre maison s'il n'y avait pas un extérieur.

J'ai un bureau dans mon studio. Il mesure environ cent six centimètres de haut. Ce n'est pas très haut pour monter dessus, ce n'est donc pas très bas pour en descendre. Ce ne pourrait pas être une petite hauteur pour y monter et une grande longueur pour en descendre. Égal et opposé – la loi de la polarité.

Il y a la loi du **rythme**. Il y a des hauts et des bas, et le pendule se balance d'un côté à l'autre entre les deux. La marée monte et descend. La nuit suit le jour. Le biorythme vous affecte à tous les niveaux : intellectuel, émotionnel et physique.

Certains jours, vous êtes au sommet intellectuellement. D'autres jours, vous êtes en baisse : vous ne vous souvenez plus de rien ou vous ne pouvez plus résoudre quoi que ce soit. Certains jours, vous additionnez une colonne de chiffres, vous le faites cinq fois et ne tombez jamais sur le même résultat. D'autres jours, vous avez la bonne réponse immédiatement, en plein dans le mille.

Quand vous vous sentez particulièrement bien, vous avez envie de sautiller dans la rue, d'aider une vieille dame à traverser la rue et de tapoter la tête d'un petit enfant. D'autres jours, c'est plutôt : « Qu'est-ce qu'elle fait là cette vieille ? Sortez-moi ce môme de là ! » Physiquement, il y a des moments où votre corps se traîne, alors qu'à d'autres vous sautez comme une puce.

Puis, il y a la loi de **cause à effet**. Chaque cause a un effet et chaque effet devient une cause qui a un effet à son tour. Nous appelons cela une *chaîne de causalité*. De plus, ce que vous donnez vous revient. Si vous offrez beaucoup de service, vous allez recevoir beaucoup de récompenses.

Enfin, il y a la loi du **genre**. Elle décrète que toutes les graines ont une période de gestation. Quand vous semez une graine, il faut un certain temps avant qu'elle ne se manifeste et se transforme. Pour les bébés, la période de gestation est de deux cent quatre-vingts jours.

Ces lois sont les lois de base. Toutes les autres lois en sont des ramifications : ce sont des lois secondaires. Si vous étudiez ces lois et vivez en harmonie avec elles au mieux de vos compétences, vous allez faire partie des gagnants.

La *loi naturelle* semble être la méthode uniforme et ordonnée du Dieu omnipotent. En d'autres termes, c'est le mode opératoire de Dieu. Contrairement aux autres formes de vie qui ont été créées, il nous a été donné le pouvoir de choisir, c'est-à-dire le libre arbitre. Avec ce pouvoir vient une certaine responsabilité.

Entourez ce paragraphe d'un grand cercle, car il est très important. *La capacité de choisir n'implique pas que nous sommes libres de ce choix.* En d'autres termes, si vous commettez une erreur, vous allez la payer. Vous pourriez dire : « Mais je ne le savais pas. » Pas de chance. C'est la loi. Si vous faites quelque chose de mal, cela vous sera renvoyé. Les lois s'appliquent toujours et elles ont ce merveilleux pouvoir d'équilibre.

Nous sommes assujettis à la loi. Si nous ne la comprenons pas, nous allons saboter nos actions. Ne voyez pas la loi comme quelque chose de dangereux. Voyez-la comme une aide nécessaire pour arriver là où nous voulons aller.

La capacité de choisir ne signifie pas que nous sommes libres des conséquences de notre choix.

La capacité de choisir ne signifie pas que nous sommes libres des conséquences de notre choix. Les lois qui gouvernent chaque individu sont aussi exactes que celles qui gouvernent l'univers matériel. Vous pouvez agir en accordance avec ces lois ou vous pouvez les ignorer, mais vous ne pouvez en aucune façon les altérer. Vous ne changerez jamais les lois. Peu m'importe le pouvoir dont vous disposez, votre position ou la quantité d'argent que vous possédez, vous ne pouvez pas changer la loi. Vous êtes assujetti à la loi. Si vous vivez en harmonie avec elle, tant mieux pour vous. Vous allez faire partie des gagnants.

La loi opère toujours et vous tient strictement responsable, il n'y a pas la moindre indulgence pour l'ignorance. La loi d'attraction vous livrera ce que vous *ne voulez pas* aussi vite, et aussi immanquablement, qu'elle vous livrera ce que vous voulez. Si vous passez votre temps à penser à ce que vous ne voulez pas, vous allez l'obtenir, aussi sûrement qu'il fera sombre cette nuit.

Wattles commente :

> « La possession d'argent et de propriété est le résultat d'une *certaine manière* de faire les choses. Ceux qui agissent ainsi, que ce soit délibérément ou accidentellement, s'enrichissent, tandis que ceux qui ne font pas les choses de cette façon,

quels que soient leurs efforts ou leurs aptitudes, resteront pauvres.
Il existe une loi naturelle selon laquelle les mêmes causes produisent toujours les mêmes effets. C'est pourquoi tous ceux qui apprennent à agir d'une *certaine manière* s'enrichiront infailliblement. […]
S'enrichir n'est pas une question d'environnement, sinon, tous les habitants de certains quartiers deviendraient riches. Dans une même ville, les habitants seraient tous aisés, alors que dans une autre, ils seraient tous pauvres. Ou bien, les habitants d'un État rouleraient sur l'or, alors que ceux de l'État voisin vivraient dans la pauvreté.
Mais partout, nous voyons riches et pauvres vivre côte à côte, dans le même environnement et souvent engagés dans le même métier. De deux personnes vivant dans la même localité, et ayant la même occupation, l'une s'enrichit alors que l'autre reste pauvre, ce qui est bien la preuve que cela n'est pas, en premier lieu, une question d'environnement. Certains milieux peuvent être plus favorables que d'autres, mais si deux personnes qui travaillent dans la même entreprise et habitent dans le même voisinage, ont des résultats contraires – l'une s'enrichissant alors que l'autre échoue –, nous voyons bien que s'enrichir est la conséquence d'une *certaine manière* d'agir. »

Si vous habitez dans un logement social, vous n'allez probablement pas rencontrer des gens à l'esprit très créatif. Pourtant, même si vous habitez dans le quartier le plus riche de la ville, vous pourriez vous livrer à des pensées épouvantables, dans ce cas, vous allez faire partie des perdants.

Certaines personnes réussissent très bien, sans pour autant connaître ces concepts, pourtant elles agissent d'une manière qui les enrichit. On dit qu'elles font preuve de *compétence inconsciente*. Elles ne comprennent pas ce qu'elles font, mais leur paradigme est programmé pour vivre en harmonie avec ces lois. Leur esprit subconscient les aide à agir ainsi, mais elles ne sont pas vraiment sûres de ce qui se passe. Plusieurs personnes, qui sont venues à mes séminaires, m'ont dit : « Je fais ça depuis longtemps. » Elles n'ont tout simplement pas conscience d'agir en harmonie avec les lois.

En étudiant plus profondément ce concept, nous allons trouver qu'il fonctionne comme de la pure magie. Le démon, c'est le paradigme. C'est lui qui nous retient. C'est un programme mental qui a le contrôle presque exclusif sur notre comportement habituel et pratiquement tout notre comportement est fait d'habitudes.

Votre paradigme affecte plusieurs domaines de votre vie. Il affecte tout d'abord votre perception. Vous allez découvrir que votre perception est un outil très important. Si vous changez votre perception, tout change. Wayne Dyer, mon regretté ami, l'a très bien dit : « Quand vous changez la façon de regarder quelque chose, ce que vous regardez change. » Il avait parfaitement raison. Votre paradigme contrôle la façon dont vous utilisez votre temps et il contrôle votre créativité. Tout le monde est créatif, une personne n'est pas plus créatrice qu'une autre. Certains expriment tout simplement leur créativité à un plus grand degré que d'autres.

Votre paradigme contrôle aussi votre efficacité. En continuant à améliorer mon paradigme, je deviens plus efficace.

Plus vous êtes efficace, plus vous allez être productif. Vous devriez toujours mettre la barre plus haut.

Ensuite, la logique joue un rôle dans votre paradigme. Nous sommes programmés pour laisser la logique nous arrêter. C'est presque comme si nous avions construit un mur autour de nous. À chaque fois que nous sommes prêts à changer quelque chose, le mur nous arrête. Mais lorsque nous décidons de changer le paradigme, le mur s'écroule.

Si vous commencez à travailler en harmonie avec la loi, consciencieusement et délibérément, le changement ne sera pas seulement énorme, il sera permanent et il s'améliorera constamment. Si vous changez votre perception et la mettez en harmonie avec la loi, vos revenus vont exploser. Voilà comment cela fonctionne.

Le philosophe danois Søren Kierkegaard écrit : « Nous ne pouvons atteindre notre propre source d'intuition et de sagesse que lorsque nous ne dépendons plus de l'opinion d'autrui pour notre sentiment d'identité ou notre valeur. Nous avons tous tendance à vénérer quelque chose. La question est : allons-nous vénérer le dieu de l'opinion ou le dieu de notre cœur ? J'ai trouvé que j'avais de moins en moins à dire, jusqu'à ce que finalement je devienne silencieux et commence à écouter. J'ai découvert, dans le silence, la voix de Dieu. »

« La question est : allons-nous vénérer le dieu de l'opinion ou le dieu de notre cœur ? »
– Søren Kierkegaard

L'esprit vous parle à travers votre facteur intuitif. Si vous voulez résoudre un problème, demandez à l'univers, demandez à l'esprit de vous donner la réponse. La réponse viendra, mais vous devez y être réceptif. Votre facteur intuitif vous donne la réponse. C'est une sensation, c'est ce : « J'ai compris. » C'est de cela que parle Kierkegaard ici.

Examinons les lois en plus de détails. La loi de la transmutation perpétuelle – que veut-on dire par cela ? Cela signifie que la pensée est perpétuellement en train de devenir forme. Il existe le monde spirituel, le monde intellectuel et le monde physique. Vous allez du plus haut au plus bas.

Quelle est la plus haute forme dans votre esprit ? Ce sont vos pensées. Les pensées se transforment en idées, au niveau intellectuel, et si nous maintenons cette idée suffisamment longtemps, elle deviendra finalement forme. C'est la transformation perpétuelle de l'énergie. L'idée devient forme et se déplace d'un état supérieur à un état inférieur. Quand vous travaillez avec l'énergie, vous travaillez toujours d'un état supérieur vers un état inférieur.

Savez-vous ce que nous faisons la plupart du temps ? Nous travaillons du plus bas vers le plus haut. Nous regardons l'extérieur, nous laissons les résultats contrôler nos pensées. Allez jusqu'à la pensée et laissez-la contrôler vos résultats. C'est cela la transmutation perpétuelle de l'énergie.

Lorsque nous amenons nos pensées à devenir forme, nous relevons de la loi de la relativité. Imaginons que vous ayez trois tonneaux : A, B, et C. B est-il grand ou petit ? Ni l'un ni l'autre. B est simplement ce qu'il est. B est grand seulement si vous le comparez à A. Il est petit seulement si vous le comparez à C. Quand vous êtes face à quelque chose que vous pensez être trop grand, pensez à quelque chose de plus grand et comparez-le à celui-ci : faites en sorte qu'il devienne petit. Réduisez la chose jusqu'au ridicule, alors vous saurez que vous pouvez vous mettre à la tâche et la créer.

Trois tonneaux – grands ou petits ?

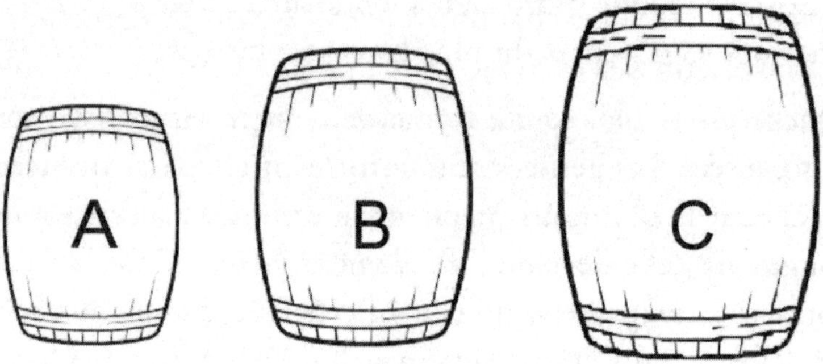

La loi de vibration décrète que tout est mouvement. Votre merveilleux esprit peut capter cette vibration. Tout ce que nous attirons, nous l'attirons par la loi de vibration. Notre vibration impose ce que nous attirons.

La science de l'enrichissement concerne l'énergie. L'énergie fonctionne sur des fréquences. Une fréquence est un niveau de vibration. Il existe un nombre infini de fréquences. Nous ne pouvons attirer que la fréquence sur laquelle nous sommes. Si je compose votre numéro sur mon téléphone, pourquoi vais-je vous avoir à l'autre bout ? Parce que nous sommes tous deux sur la même fréquence. Accordez-vous sur la fréquence de la réalité que vous désirez, ainsi vous ne pourrez que créer cette réalité. Il n'y a pas d'autre voie possible. Ce n'est pas de la philosophie, c'est de la physique.

Puisque tout est énergie, l'argent que vous désirez est énergie. La demeure que vous voulez, le business que vous voulez – tous sont énergie. Si vous pensez que vous allez avoir des ennuis, si vous laissez quelque chose d'extérieur vous imposer votre chemin, vous allez avoir des problèmes et l'extérieur va vraiment vous imposer l'endroit où vous allez atterrir. Mais si vous savez que vous construisez l'image de vos désirs dans votre esprit, que vous vous placez sur la bonne fréquence et que vous vous comportez comme la personne que vous voulez devenir, alors vous obtenez la réalisation de votre désir. C'est ainsi que cela fonctionne.

Voici maintenant une bonne façon d'examiner la loi de polarité. C'est une étape clé pour rester au contrôle de votre vie, quoi qu'il arrive. Quand nous sommes face à une situation dans notre vie qui est un peu pénible, nous nous efforçons de la renverser, mais cela ne va pas beaucoup l'améliorer. Ce n'était qu'un petit problème, il n'y a donc que peu à y gagner. N'importe quel consultant intelligent qui entre dans une entreprise cherche un grand problème, parce que lorsque nous sommes confrontés à un grand problème, nous trouvons une solution optimale qui apporte une grande victoire.

Voici un processus en trois étapes pour utiliser la loi de polarité. Il a été élaboré par le pasteur et directeur spirituel, Michael Beckwith.

1. Quoi qu'il arrive, accepte-le. Soit cela va te contrôler, soit tu vas le contrôler.
2. Récolte ce qui est bon. Plus tu recherches ce qui est bon, plus tu en trouveras. Il y a du bon dans tout. Dieu est bon tout le temps.
3. Pardonne tout le reste. Pardonne tout simplement. Laisse-le s'en aller, abandonne-le complètement.

C'est une façon merveilleuse d'utiliser la loi de polarité.

Examinons maintenant la loi du rythme. Il y a des moments où vous vivez des montagnes russes émotionnelles. C'est ainsi que fonctionne la loi du rythme. Il y a des hauts et il y a des bas.

Voici ce que vous devez comprendre : chacun est sujet à cette loi. Personne n'a de dispensation spéciale. Personne n'en est exempt, ni le plus sage, ni le plus riche. Vous n'y échapperez pas.

Comprenez que lorsque vous êtes en phase basse, quelque chose de bien est en train d'arriver. Tout ira mieux demain. Commencez à vous attendre au meilleur, car c'est ainsi que cela fonctionne. Les hauts suivent toujours les bas. L'été suit toujours l'hiver. L'hiver ne suit jamais l'hiver.

Examinons maintenant la loi du genre qui stipule que tout a ses principes masculins et ses principes féminins. Toute création possède à la fois une énergie mâle et une énergie femelle. Quelle que soit leur orientation sexuelle, les hommes ont un côté féminin, les femmes ont un côté masculin et chacun bénéficierait à en apprendre davantage sur l'autre face de lui-même.

Toutes choses possèdent à la fois l'énergie du yin,
le féminin, et l'énergie du yang, le masculin.
Le yin est l'énergie passive et réceptive,
alors que le yang est l'énergie active.

Puisque nous sommes tous faits d'énergie, la loi du genre concerne les dynamiques de l'énergie. Ce concept d'énergie masculine et féminine est très semblable au concept chinois du yin et du yang. Toutes choses ont à la fois le yin, l'énergie féminine, et le yang, l'énergie masculine. Le yin est l'énergie réceptive passive, tandis que le yang est l'énergie active. Tout comme la loi du genre, l'enseignement du yin-yang explique que les opposés sont complémentaires. Les Chinois utilisent ce système pour tout. Il est intéressant d'explorer comment les énergies du yin et du yang interagissent pour s'équilibrer. Par exemple, manger un légume yin peut équilibrer une personne plus yang.

La loi de cause à effet devrait être apprise par tous. Tout ce que vous faites est une cause. Sachez que lorsque vous faites quelque chose, cela est une cause, alors assurez-vous que c'est pour le bien.

Oubliez la vengeance. J'ai parlé un jour avec un type qui avait fait partie d'un gang. Il m'a confié : « Tu sais, Bob, dans notre business, quand tu as un partenaire, tu le défends. Tu ne laisses personne dire du mal de lui. Mais si ton partenaire te double, tu le tues. »

J'y ai réfléchi par la suite et je me suis dit que ce n'était pas une mauvaise idée. Je ne veux pas dire prenez un fusil et tirez sur quelqu'un, mais si quelqu'un vous double, tuez-le mentalement. N'ayez plus rien à faire avec lui. C'est ainsi que je vis. Dans le passé, certaines personnes n'ont pas bien agi avec moi. C'est terminé. La vengeance ne m'intéresse pas, mais je ne vais pas les laisser tenter leur chance une autre fois.

Il y a une relation de cause à effet pour toute chose dans la vie. Assurez-vous de tirer le meilleur de toute situation. Faites le meilleur que vous savez faire en toutes circonstances. Nous avons ici la balance de l'apothicaire : service et récompense. La loi de cause à effet opère en tout. Il est important de la comprendre et de la suivre.

La loi de compensation est fondée sur la loi de cause à effet. Elle est très claire. Si vous voulez gagner davantage d'argent, vous feriez mieux de comprendre cette loi. Sinon, vous allez perdre. Elle stipule que la quantité d'argent que vous gagnez sera toujours en proportion exacte avec le besoin que les gens ont de votre travail, avec votre capacité à le faire et avec la difficulté à vous remplacer. Si vous devenez très bon dans un domaine, si vous maîtrisez ce que vous faites, vous allez être difficile à remplacer. Quand vous devenez difficile à remplacer, votre cote monte et, automatiquement, vous commencez à mieux réussir financièrement. Tout cela repose sur la loi de cause à effet.

Étudiez toutes ces lois, et apprenez à vivre en harmonie avec elles. Comprenez-les vraiment.

Les sept lois primaires de l'univers :

- la vibration ;
- la transmutation perpétuelle ;
- la relativité ;
- la polarité ;
- le rythme ;
- la loi de cause à effet ;
- le genre.

CHAPITRE TROIS

Le premier principe

Comme je l'ai déjà mentionné, la plupart des concepts exposés dans cet ouvrage reposent sur le classique de Wallace D. Wattles : *La Science de l'enrichissement.*

L'un des passages des plus importants est le chapitre 4 : « Le premier principe de la science de l'enrichissement ».

Il commence ainsi : « La pensée est le seul pouvoir capable de produire des richesses tangibles à partir de la substance informe. L'étoffe dont toutes choses sont faites est une substance qui pense ; ainsi, la pensée d'une forme dans cette substance produit la forme. »

Pour les gens ordinaires, cette façon de penser est tellement hors des sentiers battus qu'elle semble ridicule. Mais lorsque vous commencez à travailler selon ce principe, il commence vraiment à faire sens.

Prenez deux individus : A et B. (Vous pourriez dire que c'est moi avant l'âge de 26 ans et moi après mes 26 ans.) Ils ont tous deux un potentiel infini et tous deux la capacité de choisir. B va de-ci de-là et nulle part.

Ses résultats sont médiocres. Rien n'arrive. D'un autre côté, pour A, c'est la prospérité, la satisfaction, le bonheur, l'accroissement continu. Tous deux ont débuté avec les mêmes talents et les mêmes capacités.

La différence ? L'un est contrôlé par un paradigme, l'autre contrôle le paradigme. Jusqu'à présent, il se peut que vous ayez été contrôlé par votre paradigme. Si vous n'aimez pas les résultats que vous obtenez et que cela dure depuis longtemps, vous avez probablement été contrôlé par votre paradigme. Prenez la décision de changer cela.

Pour aller plus loin dans notre exemple, A a un objectif et croit qu'il se manifestera. C'est là qu'est la différence. B a un problème de paradigme.

L'auteur de science-fiction, Robert A. Heinlein, écrit : « En l'absence d'objectifs clairement définis, nous devenons étrangement loyaux dans l'exécution de tâches quotidiennes futiles, jusqu'à ce qu'au final nous en devenions esclaves. » Lorsque je travaille avec des organisations commerciales, je rencontre parfois des gens chez qui je ne vois pas de vrais changements dans leurs résultats. Ils sont plus ou moins les mêmes, semaine après semaine, mois après mois. Que se passe-t-il ? Ces gens sont pris par leur banalité quotidienne et en sont finalement devenus esclaves. Ils parlent de choses qui ne font aucune différence et qui ne vont pas leur servir. Ils n'avancent pas dans la direction où ils veulent aller. Alors que d'autres atteignent prospérité, satisfaction, bonheur et une croissance continue.

« En l'absence d'objectifs clairement définis,
nous devenons étrangement loyaux
dans l'exécution de tâches quotidiennes futiles,
jusqu'à ce qu'au final nous en devenions esclaves. »
– Robert A. Heinlein

Voici ma routine. Chaque matin, à 5 heures, je m'assois pour dresser une liste de choses pour lesquelles j'éprouve de la gratitude. En dessous, j'écris : *À présent, j'éprouve tant de bonheur et de gratitude, car je sais que mon ADN est parfait et que la perfection est en moi. Je commence chaque jour en cherchant des zones de ma vie où je veux voir habituellement exprimée cette perfection.* Bien que je sois droitier, j'écris cela, en bas de la page, de la main gauche. Pourquoi ? Parce que c'est très difficile. C'est très inconfortable, mais cela m'aide à comprendre que si je suis vraiment à l'aise avec les choses que je fais, je ne grandis sans doute pas beaucoup. Puis, je commence mon programme d'étude.

B ne ferait pas cela. B dirait : « D'abord, je ne me lève pas à cette heure-là. Qu'est-ce que ça veut dire ? Ça n'a aucun sens. » Cela n'a aucun sens si vous ne comprenez pas les notions de paradigme, de discipline, d'esprit, de règles pour gagner ou de puissance des objectifs. Si vous voulez atteindre vos objectifs, vous allez devoir faire des choses parfois inconfortables, car vous irez là où vous n'êtes jamais allé auparavant.

Vous devez développer votre conscience et vous devez nettoyer vos paradigmes. C'est absolument essentiel. Pour ce faire, il vous faut poursuivre de nouveaux résultats. Souvenez-vous de ce que Wattles écrivait : « La pensée est le seul pouvoir capable de produire des richesses tangibles à partir de la substance informe. L'étoffe dont toutes choses sont faites est une substance qui pense ; ainsi, la pensée d'une forme dans cette substance produit la forme. »

« L'étoffe dont toutes choses sont faites. » Quelles choses ? Les vêtements que vous portez, votre corps, le monde que vous voyez autour de vous.

Tout est fait à partir de cette substance informe. Vous pourriez faire un tas de toutes vos possessions, y mettre le feu, tout retournerait à son origine. Tout vient de la substance informe. Mais la pensée est le seul pouvoir. La pensée est puissance et vous savez exercer la faculté de penser. Nous sommes la seule forme de vie, tout au moins selon nos connaissances actuelles, qui sache penser. Wattles écrit :

> « La substance originelle se déplace en fonction de ses pensées. Chaque forme et chaque processus que vous voyez dans la nature sont l'expression visible d'une pensée dans la substance originelle. Quand cette dernière pense à une forme, elle prend cette forme. Quand elle pense à un mouvement, elle fait ce mouvement. C'est ainsi que toutes choses ont été créées. Nous vivons dans un monde de pensées, qui fait partie d'un univers de pensées. »

« La substance originelle se déplace
en fonction de ses pensées.
Chaque forme et chaque processus que vous voyez
dans la nature sont l'expression visible d'une pensée
existant dans la substance originelle. »
– Wallace Wattles

En vérité, il n'y a pas de création. Rien n'est jamais créé ni détruit. Dans ce cas, comment obtenons-nous des choses ? La création, telle que nous la connaissons, a lieu quand nous amenons une forme d'énergie à créer une autre forme d'énergie. Elle crée quelque chose de différent, qui n'aurait jamais été créé si vous n'aviez pas produit cette première forme-pensée d'énergie. Nous manipulons l'énergie avec notre esprit, tout le temps. Wattles poursuit :

> « L'idée d'un univers en mouvement s'est répandue dans toute la substance informe. Elle a causé le déplacement de la matière pensante, qui a pris la forme de systèmes de planètes, et les maintient. La substance pensante prend la forme de sa pensée et se meut selon celle-ci. Gardant l'idée d'un système de soleils et de mondes qui tournent en cercles, elle prend la forme de ces corps, et les déplace selon sa pensée.
> Quand elle pense à la forme d'un chêne, qui va grandir lentement, elle se meut en conséquence et produit l'arbre, bien qu'il faille des siècles pour achever ce travail. Dans son œuvre de création, l'Informe semble se déplacer selon les lignes d'un mouvement qu'il a établi. L'idée d'un chêne ne provoque pas la formation instantanée d'un arbre en pleine maturité, mais elle met en mouvement les forces qui produiront l'arbre, selon des lignes de croissance établies.

Chaque pensée de forme, maintenue dans la substance pensante, provoque la création de la forme, mais toujours, ou tout au moins généralement, selon des lignes de croissance et d'action déjà établies.
Si elle était imprimée sur la substance informe, la pensée d'une maison de construction originale ne déclencherait pas la formation instantanée de la maison, mais elle orienterait les énergies créatrices, qui travaillent déjà dans le métier, vers des canaux permettant sa construction rapide. Et s'il n'existait pas déjà de canaux par lesquels l'énergie créatrice pourrait travailler, alors la maison serait formée directement depuis la substance primale, sans attendre les lents processus du monde organique et inorganique. »

Si vous pensez construire une maison, toutes sortes de choses sont mises en marche. La communication télépathique commence à s'établir. Vous commencez à activer des pensées dans l'esprit des autres gens. Des suggestions vous viendront à l'esprit. Les gens viendront vers vous. Quelque chose se passera. Cela ne fait aucun doute.

Vous devez créer l'image de ce que vous désirez dans votre esprit et vous devez arrêter de laisser le monde extérieur dicter ce que vous désirez.

Wattles continue : « Nulle pensée de forme ne peut s'imprimer sur la substance originelle sans provoquer la création de la forme. » Vous devez créer l'image de ce que vous désirez dans votre esprit et vous devez arrêter de laisser le monde extérieur dicter ce que vous désirez. Pour l'amour du ciel, arrêtez de regarder votre compte en banque.

Imaginez votre compte en banque. Voyez ce que vous désirez. Visualisez-le. « L'être humain est un centre pensant et peut faire naître la pensée », écrit Wattles. Trouvez-moi quelque chose d'autre, en dehors d'un être humain, qui puisse faire naître la pensée. Il n'y a pas une seule autre entité qui puisse le faire. C'est vous et vous seul. Je ne sais pas quelles étaient vos pensées dans le passé, je ne sais pas ce que vous pensez de vous-même à présent, mais je sais ceci : si vous pouvez penser, vous pouvez créer ce que vous pensez. Si vous pouvez le tenir dans la tête, vous pouvez le tenir dans la main. Et je me moque bien de ce que c'est.

Wattles continue :

> « Toutes les formes [que l'homme] façonne avec ses mains doivent d'abord exister dans sa pensée. Il ne peut façonner une chose à moins qu'il n'ait pensé cette chose », écrit Wattles. Lorsqu'on a demandé au grand peintre Van Gogh comment il créait des œuvres si belles, il a répondu : « Je rêve mon tableau, puis je peins mon rêve.
>
> Jusqu'à présent, il a confiné ses efforts essentiellement au travail de ses mains. Il a appliqué le travail manuel au monde des formes, cherchant à changer ou à modifier celles qui existaient déjà. Il n'a jamais tenté de provoquer la création de nouvelles formes en imprimant ses pensées sur la substance informe.
>
> Quand l'être humain a une forme-pensée, il prend les formes de la nature et façonne une image de la forme qu'il a à l'esprit. Jusqu'à présent, il n'a fait que peu d'efforts, voire aucun, pour coopérer avec l'intelligence informe, c'est-à-dire "avec le Père". Il n'a pas rêvé qu'il pouvait "faire ce qu'il voit le Père faire". »

Il existe une intelligence informe. Nous sommes en présence d'un pouvoir intelligent. Tout ce que le Père accomplit, nous pouvons l'accomplir. On nous a enseigné cela de diverses façons. Notre problème, c'est que nous n'y croyons pas. La croyance est la clé.

> « [L'homme] remodèle et modifie des formes existantes par le travail manuel. Il ne s'est jamais demandé s'il pouvait produire des choses à partir de la substance informe, en lui communiquant ses pensées. Nous proposons de prouver qu'il peut le faire, que tout un chacun peut le faire, et de vous montrer comment. En premier lieu, nous devons établir trois propositions fondamentales.
>
> Tout d'abord, nous soutenons qu'il existe un seul matériau originel informe, ou substance, duquel toutes les choses sont faites. Tous les éléments, en apparence nombreux, ne sont que les différentes représentations d'un même élément. La multitude de formes que l'on trouve dans la nature organique et inorganique n'est que formes différentes, mais faites de la même matière. Cette matière est une matière pensante. Une pensée, maintenue dans cette substance, engendre la forme de cette pensée. La pensée, dans la substance pensante, produit des formes. L'être humain est un centre pensant, capable de pensée originelle. S'il peut communiquer sa pensée à la substance pensante originelle, il peut engendrer la création, ou la formation, de la chose à laquelle il pense.
>
> En résumé :
>
> *Il existe une matière pensante à partir de laquelle toutes les choses sont faites, et qui, dans son état originel, imprègne, pénètre et remplit les interstices de l'univers.*
>
> *Dans cette substance, une pensée produit la chose qu'elle imagine.*

> *L'être humain peut former des choses dans sa pensée et, en imprimant sa pensée sur la substance informe, provoquer la création de la chose à laquelle il pense.*
>
> Vous êtes en droit de vous demander si je peux prouver ces déclarations. Sans entrer dans les détails, je réponds par l'affirmative, me servant à la fois de la logique et de l'expérience.
>
> Partant du phénomène de la forme et de la pensée, j'en arrive à une substance pensante originelle. En raisonnant à partir de cette substance pensante, j'en arrive au pouvoir de l'être humain de provoquer la formation de la chose à laquelle il pense.
>
> L'expérience m'a prouvé que ce raisonnement était juste, et elle en est ma meilleure preuve.
>
> Si une seule personne, qui lit ce livre, s'enrichit en faisant ce que je lui enjoins de faire, ceci est une preuve en faveur de mes prétentions. Si une personne qui suit les conseils de ce livre s'enrichit, c'est une preuve positive, jusqu'à ce qu'une autre personne, qui fait tout le processus, échoue. La théorie est vraie jusqu'à ce que le processus échoue. Ce processus n'échouera pas, car toute personne qui fait exactement ce que ce livre lui enjoint de faire s'enrichira. »

Pouvez-vous faire cela ? N'importe qui peut le faire, mais vous devez travailler du dedans vers le dehors. Nous parlons de résultats. Nous parlons de concrétisation. Les résultats disent toujours la vérité. Lorsque vous examinez vos résultats, adhérez-vous aux idées de Wallace ?

Comment obtenons-nous des résultats ? Les résultats sont des pensées qui prennent forme. Arrivent-ils par hasard ? Je ne le pense pas.

Examinons de plus près les résultats et la façon dont nous les obtenons. Je voudrais que vous regardiez les vôtres. Quel rôle votre conscience joue-t-elle dans vos résultats ? Elle joue un rôle énorme. C'est dans votre conscience que tout se passe.

À un moment de ma vie, je me suis trouvé à travailler dans une caserne de pompiers. Pour ma première intervention, l'appel est arrivé très tôt le matin, vers 4 ou 5 heures. En descendant la rue, un policier avait remarqué de la fumée qui sortait des fenêtres du troisième étage d'une maison. Il nous a appelés, et nous sommes sortis.

Une femme dormait au troisième étage. Elle vivait dans un deux-pièces avec son petit garçon. Il dormait dans le lit de sa mère, mais il s'était levé, était allé dans la cuisine, avait ouvert le placard, trouvé une grosse boîte d'allumettes et commencé à jouer avec. Il avait réussi à allumer les allumettes et boum ! Toute la boîte s'était enflammée.

Le garçon avait pris peur, laissé tomber les allumettes et était retourné au lit. Il va sans dire que le troisième étage était en feu. Nous sommes arrivés avec les voitures d'incendie et avons éteint le feu. Ce petit garçon aurait pu facilement périr dans l'incendie, car il ne connaissait pas les dangers du feu. C'est ici qu'entre en jeu le manque de sensibilisation.

La sensibilisation, ou le fait d'être conscient, n'est pas une priorité suffisante dans l'éducation des enfants. En fait, elle vient en seconde position après le développement de l'intellect. L'école se concentre sur le développement de la compréhension intellectuelle, elle n'enseigne pas vraiment la conscience.

Les résultats sont causés par les actions. Les actions sont causées par le paradigme, par ce qui se passe dans l'esprit subconscient d'une personne. L'idée, contenue dans l'esprit subconscient, va mettre le corps en action et produire les résultats qu'il obtient.

Rien ne pénètre dans l'esprit subconscient sans d'abord passer par l'esprit conscient.

L'esprit conscient est une collecte d'informations. Rien ne pénètre dans l'esprit inconscient sans d'abord passer par l'esprit conscient.

Dans ce cas, pourquoi les gens choisiraient-ils des idées qui produisent des résultats qu'ils ne veulent pas ? La cause : ils ne réfléchissent pas. Le problème, c'est l'ignorance – ainsi que l'habitude qui n'est rien d'autre que l'expression du paradigme. C'est triste, mais c'est ainsi que cela fonctionne.

Prêtez une attention particulière à ce qui suit. Une personne examine ses résultats, ses résultats sont là, on ne peut pas les nier, vous êtes bien d'accord ? L'esprit conscient est rempli de l'image de ces résultats. Nous voyons notre situation financière et nous disons : « Voilà. On ne peut pas le nier. Voilà ce que je possède. » Ce sont les croyances répandues. Les gens croient en la réalité physique, parce qu'ils regardent la situation avec leurs sens. On les a formés à vivre en se servant de leurs sens. Ils s'impliquent dans leur situation avec leurs émotions et ils continuent à produire la même chose. C'est un cercle de malédiction qui s'autoréalise. Ils reproduisent sans arrêt la même chose.

Pourquoi ne changent-ils pas ? Parce qu'ils ne comprennent pas. Ont-ils des rêves ? Bien sûr, mais les rêves s'évanouissent. Ils ne sont pas dans une démarche qui leur ferait accomplir leurs rêves.

Le point de départ ici, ce sont les résultats. Si ceux-ci sont le point de départ, ils dicteront les pensées. Les pensées produisent les émotions, les émotions produiront les actions, et les actions produiront les mêmes résultats. C'est un cercle de malédiction.

Le point de départ est faux. Nous devrions voir une personne qui pense *à partir des* résultats, quels que soient ses résultats actuels. Cette personne démarre en pensant à ce qu'elle désire. Quand vous pensez à ce que vous désirez, vous voyez ce que vous désirez. Cela engendre des sentiments, qui engendrent des actions, qui engendrent des résultats : vous obtenez ce que vous désirez. Vous voyez de nouveaux résultats améliorés.

C'est ainsi que vous continuez à reproduire le processus. Vous voyez d'énormes résultats. Les résultats causent la pensée, la pensée provoque les sentiments, les sentiments provoquent les actions. Vous produisez les résultats que vous désirez, puis vous êtes amené à penser à d'autres résultats, plus importants et meilleurs.

Vous entendrez les gens dire : « Mais on ne peut pas ignorer les résultats. On ne peut pas ignorer le fait qu'il n'y a rien dans le compte en banque. » Non, vous ne pouvez pas l'ignorer. Mais vous n'avez pas besoin de rester les yeux fixés sur ce fichu compte en banque en croyant que vous devez continuer d'y penser. Le souvenir est bien là. Vous vous en rappellerez.

Vous avez aussi des facultés supérieures : la perception, la volonté, l'imagination, l'intuition, la raison. Vous devriez vous servir de l'une ou plusieurs de ces facultés. Mettez votre imagination au travail. Construisez une image du bien que vous désiriez. Que voulez-vous ? Construisez cette image dans votre conscience, puis prenez ce que vous voulez et plantez-le dans votre cœur.

Utilisez ces facultés supérieures de votre esprit conscient pour nourrir votre esprit subconscient :

- la perception ;
- la volonté ;
- l'imagination ;
- l'intuition ;
- la raison.

La Bible nous dit que tel un homme pense en son cœur, tel il est. Vous commencez ainsi à être engagé émotionnellement avec ce que vous voulez. En nourrissant cela, un désir se développe. Un désir est l'effort d'une possibilité interne inexprimée qui cherche une expression externe par l'action. Cela change la vibration. Comme la vibration change l'action, l'action change les résultats et change aussi ce que vous attirez.

En résumé, le principe premier est la pensée. Tout commence par la pensée et non pas par les résultats.

Nombreux sont ceux qui croient que pour réussir il faut être au bon endroit au bon moment. Je pense qu'il y a une part de vérité dans cette croyance, mais vous devez vous rendre compte que vous êtes déjà au bon endroit au bon moment. Quand les entreprises « point-com » ont démarré, on m'a présenté plusieurs opportunités. J'aurais pu gagner des millions, mais ce n'était pas cela qui m'intéressait. Ce n'était pas ce que je faisais. Ce que je fais ne concerne pas seulement l'argent. Je veux gagner beaucoup d'argent parce que cela me permet de faire ce que je veux faire sur une plus grande échelle. L'argent est le moyen qui nous aide à amplifier ce que nous faisons. Mais si je devais le faire seulement pour l'argent, j'aurais beaucoup d'argent, sans plus. Est-ce que c'est simplement cela que je veux ? Je ne le crois pas. Ce dont il s'agit, c'est de mon but.

Wattles continue :

> « Il n'existe aucune autre tâche devant laquelle la plupart des gens répugnent davantage que celle de maintenir une pensée constante. C'est le travail le plus difficile au monde. Ceci est particulièrement vrai lorsque la vérité est contraire aux apparences. Chaque apparence dans le monde visible tend à produire une forme correspondante dans l'esprit qui l'observe, et ceci ne peut être contré qu'en maintenant la pensée de la vérité. »

Il est évident que lorsque vous voyez que votre compte en banque est vide, il est difficile de ne pas penser : « Compte en banque vide. Il faut que je gagne de l'argent. J'ai besoin d'argent. » Vous ne pouvez éviter ce genre de pensées que si vous maintenez à l'esprit la pensée de la vérité et voyez l'abondance que vous désirez.

Wattles continue :

> « Observer l'apparence de la maladie engendrera un état maladif dans votre esprit, et finalement dans votre corps, à moins que vous ne mainteniez la pensée de la vérité : il n'y a pas de maladie, ce n'est qu'une apparence, la réalité est la santé.
> Tenir compte des apparences de la pauvreté produira des formes correspondantes dans votre esprit, à moins que vous ne vous en teniez à cette vérité : il n'y a pas de pauvreté, il y a seulement l'abondance.
> Penser à la santé quand on est entouré par les apparences de la maladie, ou envisager des richesses au milieu de la pauvreté, exige de la force, mais celui qui acquiert ce pouvoir devient un maître de l'esprit. Il peut vaincre le destin et obtenir ce qu'il désire. »

Vous pourriez dire : « Je ne comprends pas cela. » Vous savez quoi ? Vous n'avez pas vraiment besoin de le comprendre, mais vous devez le croire.

> « Ce pouvoir ne peut s'acquérir qu'en comprenant ce fait fondamental derrière toutes les apparences : il existe une substance pensante par laquelle toutes les choses sont créées.
> Puis, nous devons comprendre cette vérité : chaque pensée existant dans cette substance devient une forme, et l'être humain peut y imprimer ses pensées afin qu'elles prennent forme et deviennent des choses visibles. »

« L'être humain peut façonner des choses dans sa pensée et, en imprimant sa pensée sur la substance informe, il peut provoquer la création de la chose à laquelle il pense. »
– Wallace Wattles

« Quand nous comprenons cela, nous perdons tout doute et toute crainte, car nous savons que nous pouvons créer tout ce que nous voulons. Nous pouvons obtenir ce que nous désirons posséder et devenir ce que nous voulons être. Pour franchir une première étape vers la richesse, vous devez croire aux trois déclarations fondamentales que je vous ai déjà données dans ce chapitre. Afin de les mettre en relief, je vous les répète ici :

Il existe une matière pensante de laquelle toutes choses sont faites, et qui, dans son état originel, imprègne, pénètre et remplit les interstices de l'univers.
Dans cette substance, une pensée crée la chose qui est imaginée par la pensée.
L'être humain peut façonner des choses dans sa pensée et, en imprimant sa pensée sur la substance informe, il peut provoquer la création de la chose à laquelle il pense.

Vous devez rejeter toutes les autres conceptions de l'univers au bénéfice de la conception monistique. Et vous devez la contempler jusqu'à ce qu'elle soit ancrée dans votre esprit et devienne votre pensée habituelle. Lisez et relisez ces déclarations de foi, ancrez chacune de ces paroles dans votre mémoire, et méditez sur elles jusqu'à ce que vous croyiez fermement en leur vérité. Si un doute vous assaille, rejetez-le comme si c'était un péché. N'écoutez pas les arguments contre cette idée, ne fréquentez pas les églises et n'assistez pas aux conférences où une conception contraire des choses

> est enseignée ou prêchée. Ne lisez pas de magazines ou de livres qui enseignent une idée différente. Si vous êtes confus dans votre foi, tous vos efforts seront vains.
> Ne demandez pas pourquoi tout ceci est vrai, ne spéculez pas sur la façon dont cela peut être vrai. Acceptez-le simplement avec confiance.
> La science de l'enrichissement commence par l'acceptation absolue de cette foi. »

Tout ceci peut vous paraître étrange, mais je vais vous dire une chose : tous les gens que je connais, qui souscrivent vraiment à ces idées, font beaucoup de bien. Ils croient profondément qu'ils sont la plus haute forme de création de Dieu. Ils sont totalement impliqués dans une vie de service. Tout ce qu'ils désirent, c'est trouver comment élargir et améliorer toute chose – avoir une expansion, une expression plus pleine – et ils y arrivent.

À présent, je voudrais que vous preniez quelques minutes pour répondre aux questions ci-dessous.

Quelle est la première étape de l'enrichissement ?

Quelle est la nature de l'être humain et quel pouvoir avons-nous ?

Quel est le fait fondamental derrière toute apparence ?

Que devez-vous faire et que devez-vous croire si vous voulez mettre en pratique la science de l'enrichissement ?

Qu'est-ce qui nécessite une dépense de puissance supérieure à celle utilisée pour tout autre travail et pourquoi ?

Répondez à ces questions. Prenez le temps de le faire maintenant.

Quand vous commencez à travailler sur cet enseignement, c'est comme si vous buviez l'eau qui sort d'un tuyau d'incendie. Pendant les cinq ans où j'ai travaillé dans une brigade de pompiers, j'ai éteint beaucoup de feux. L'eau qui sort d'une lance d'incendie vous jettera par terre. J'imagine que si quelqu'un essaie de boire l'eau qui sort d'une lance d'incendie, c'est de la folie. Ces idées peuvent être bouleversantes. Si vous vous sentez perdu, ce n'est pas grave. Ne vous laissez pas envahir. Nous abordons de grandes notions ici. Ne vous sentez pas mal si elles vous écrasent. Ne vous sentez pas mal si vous vous dites : « Je pense que je ne vais pas pouvoir le faire. » Si, vous pouvez le faire. Vous le faites déjà. Vous êtes déjà en train de penser. Une activité mentale est déjà en place en vous. Il s'agit seulement de bien la mener.

Si je devais examiner votre compte ou votre vie, je serais capable de vous dire exactement ce qui se passe. En fait, si vous avez déjà assisté à un séminaire où je suis intervenu, ou si vous avez été déjà physiquement dans une pièce avec moi, vous sauriez que je peux m'avancer vers une personne et lui dire exactement ce à quoi elle pense. C'est parce que tout ce qui se passe à l'intérieur se voit à l'extérieur. Je suis bien placé pour le dire. J'ai un facteur intuitif très bien accordé. Mon psychisme est vraiment aiguisé, car j'étudie continuellement ce sujet. J'affine sans arrêt mes facultés psychiques.

Quiconque s'exerce pendant un certain temps va s'améliorer. Vous améliorerez aussi l'étude de ces concepts. Ne laissez pas la tâche vous submerger. N'ayez pas honte de dire : « C'est difficile. » Tout le monde trouve cela difficile. Vous êtes en train d'entreprendre un énorme changement de vie.

Gardez ceci à l'esprit : seuls 3 à 5 % des gens (et encore je suis généreux) vont vraiment comprendre ces notions et les utiliser chaque jour. Quant aux autres 95 % de la population, ils n'y comprennent rien. Pour ces 95 %, tout cela leur paraît absurde et n'a aucun sens.

Vous pouvez vraiment devenir bon dans ce processus. Mais si vous vous sentez un peu dépassé et pensez : « Je ne vais pas pouvoir tout comprendre », continuez tout simplement à lire et à étudier pendant l'année suivante. Si vous croyez que vous prenez du retard, n'y pensez plus, car ce n'est pas le cas. Oubliez tout simplement le passé.

Wattles écrit : « Tenir compte des apparences de la pauvreté produira des formes correspondantes dans votre propre esprit, à moins que vous ne vous en teniez à cette vérité : il n'y a pas de pauvreté, il y a seulement l'abondance. »

Je suis allé jusqu'à découper des bouts de papier de la même taille que des billets de banque. Je mettais un billet de 100 dollars sur le dessus et un autre en dessous de la liasse. Je n'avais en réalité que 200 dollars, mais j'avais l'air d'en avoir 2 200 dollars. Je gardais la liasse en permanence dans ma poche.

Si vous développez un bon rapport avec l'argent, vous commencerez à l'attirer. J'attire beaucoup d'argent et j'en donne beaucoup. C'est là un autre élément du secret : donner. Vous donnez volontiers, vous recevez avec grâce et vous ne pouvez donner trop. Plus vous comprenez cela, plus vous allez vous enrichir. Au début, je ne savais pas comment recevoir. L'un de mes mentors m'a dit :

« Alors, c'est que vous n'avez pas appris à donner.

— Que voulez-vous dire ?

— Donner et recevoir, c'est la même chose, Bob. »

J'ai une amie sur la côte Ouest, Jane Willhite, qui possède PSI World. On y enseigne des techniques pour acquérir le pouvoir, la liberté et le bonheur. Elle répète : « Les donneurs gagnent. » J'adore cette formule.

Nous parlons de niveaux de conscience. Vous démarrez en bas, dans un état animalier, celui du petit bébé. Le bébé réagit à tout ce qui se passe autour de lui. Quand vous apprenez la maîtrise, vous ne réagissez pas. Vous répondez. Quand vous réagissez, vous êtes en mode lutte ou fuite. C'est à ce niveau que vivent les animaux. Ils réagissent à ce qui se passe. Les personnes qui maîtrisent mes enseignements ne réagissent pas à tout, elles répondent. Elles réfléchissent et planifient.

On entend dire ceci : « L'observation est pouvoir. Le jugement est faiblesse. » C'est une déclaration très puissante. Lorsque quelque chose arrive, vous l'observez. Supposons qu'une personne ne vous traite pas bien. Allez-vous réagir ? Si vous êtes fatigué ou si votre conscience est peu éveillée, vous allez probablement réagir, donc lutter ou fuir. Ce n'est pas un bon endroit pour vivre. Sinon, vous pourriez vous demander : « Je me demande pourquoi elle agit ainsi. Pourquoi est-elle comme ça ? Elle doit être très malheureuse. »

À la naissance, nous sommes en bas, dans un état animalier. Ensuite, nous entrons dans la conscience de masse. L'enfant grandit un peu et cherche à être comme les autres. N'est-ce pas ce que font les enfants ? Ils suivent la masse. Ils veulent s'habiller comme les autres. Si l'un a de nouvelles chaussures de course, ils veulent exactement les mêmes.

C'est la conscience de masse. Les gens suivent ensemble le même chemin. « Eh bien ! Ils ne peuvent pas tous avoir tort. » Écoutez, voici une règle : si vous voulez suivre d'autres gens et voyez une grande masse emprunter une voie alors qu'une ou deux personnes vont dans une autre voie, suivez ces dernières. Historiquement, les masses ont toujours pris la mauvaise direction.

Puis, finalement, quelque chose se passe en vous et vous allez de l'avant. Une personne aspire à faire quelque chose de plus grand. C'est peut-être positif, c'est peut-être négatif, mais une aspiration existe. Vous devez faire quelque chose de plus grand, même si vous ne savez pas de quoi il s'agit.

L'observation est puissance.
Le jugement est faiblesse.

Je vais vous dire précisément de quoi il s'agit. C'est la partie la plus élevée de votre personnalité, votre unicité, qui désire s'exprimer. Voyez-vous, il y a quelque chose en vous : votre ADN spirituel. La perfection est en vous. Cette perfection cherche à s'exprimer en vous et à travers vous, car l'esprit désire toujours l'expansion et une expression plus grande, jamais la désintégration.

Je me souviens de la période où cela m'est arrivé. Depuis un certain temps, j'éprouvais le désir d'accomplir quelque chose de plus grand que ce que je faisais déjà. Je ne savais pas quoi, mais je voulais plus. Le sentiment était né de mes lectures de Wattles et d'autres auteurs, ainsi que d'enregistrements audio. Je ne faisais que les lire et les écouter sans cesse. Grand Dieu ! J'avais vraiment du mal. J'avais un paradigme qui vous aurait époustouflé. C'était affreux. Mais j'avais ce désir et ce désir continuait à grandir. Je voulais avancer. J'avais cette sensation unique de vouloir faire quelque chose mais les masses me faisaient reculer. Dès que ce désir montait, bang, j'étais à nouveau tiré en arrière.

Si vous ressentez cela, comprenez ce qui vous arrive. Vous vous séparez de votre ancien moi conditionné. Ce conditionnement est puissant. Il est dans chaque molécule de votre être. Il peut remonter à des générations. Votre conditionnement génétique couvre des générations. Une petite particule d'énergie de votre mère, une autre petite particule de votre père qui nageait par là, et bang ! Elles étaient en résonance. C'était votre début. Pendant deux cent quatre-vingts jours, elles ont continué à attirer la même sorte d'énergie. Quelle était la particule d'énergie de la mère ? D'où venait la mère ? Elle venait de sa mère et de son père. D'où venait le père ?

De sa mère et de son père. Ces petites particules d'énergie remontent pendant des générations en tant que structure génétique. Dieu seul sait jusqu'où.

Puis, deux cent quatre-vingts jours plus tard, vous avez fait vos débuts sur la planète. Votre esprit est alors comme un vase ouvert. Tout ce qui se passe autour de vous entre directement dans votre esprit subconscient. C'est ainsi que se forment le paradigme et le conditionnement. C'est de cela que vous vous séparez à présent.

Vous avez un sentiment unique au fond de vous, un fort désir. Wattles disait que ce désir est l'effort de la possibilité inexprimée en nous, cherchant à s'exprimer par l'action extérieure. À chaque fois que vous vous lancez, le paradigme vous tire en arrière. Une guerre a lieu dans votre esprit.

Une fois arrivé à ce stade, vous feriez tout aussi bien de continuer, car si vous ne le faites pas, la guerre va continuer. Cela va empirer, parce que ce désir ne va pas vous quitter. Vous avez éveillé quelque chose en vous. Vous avez causé sa naissance en vous. Si vous ne savez pas ce qui se passe, parions que vous allez avoir pas mal de turbulences. Si vous le savez, vous allez tout de même passer par une zone de turbulences, mais au moins vous comprendrez ce qui se passe, si bien que vous trouverez moyen de vous en sortir.

Puis un jour vous vous dites : « La discipline : c'est ça qu'il me faut. Je dois me donner un ordre et je vais le suivre. » Vous y allez et vous vous disciplinez.

Mais soudain, cette discipline commence à s'affaiblir. Vous pensez : « Zut, ce n'était rien qu'un désir. Ça n'a rien changé du tout. » La confusion est toujours là, et vous vous rendez compte que vous êtes coincé. C'est un endroit terrible à vivre.

Si vous êtes coincé, gardez votre objectif à l'esprit de toute façon. La discipline est la clé – la capacité de se donner un ordre à soi-même et de le suivre. Si vous voulez vraiment quelque chose mais vous ne l'associez pas avec la discipline, vous êtes fichu. Vous n'aurez pas ce que vous voulez. Le désir et la discipline doivent être inséparablement liés.

Vous vous imposez votre propre discipline. Aussitôt que votre désir s'affaiblit, vous vous dites : « Ça suffit. Je ne vais pas accepter ça. Je vais me discipliner. Je vais surmonter ça. Je me fiche de ne pas comprendre. Ça m'est égal si tout ça me submerge. Je vais m'accrocher et ça va marcher. »

Voici ce qui se passe par la suite. Une nouvelle idée vous vient tout à coup. Vous la mettez en œuvre. Les actions changent les résultats et tout commence à bouger. Observez ce qui se passe. C'est un moment très agréable. C'est très subtil. Vous avez maîtrisé le concept du contrôle de vos propres pensées. Vous ne réagissez plus. Vous pensez : « Je sais où je vais et je sais ce que je vais faire. Elle ne voudra peut-être pas m'accompagner, il ne voudra peut-être pas m'accompagner, mais j'y vais. Rien ne me retiendra. J'ai un rêve » – tout comme Martin Luther King. Il vous faut un rêve. Puis vous devez vous assurer que vous allez à sa poursuite.

« Chaque désir est l'effort d'une possibilité inexprimée qui cherche à entrer en action. »
– Wallace Wattles

CHAPITRE QUATRE

Accroître la vie

Au chapitre 5 de *La Science de l'enrichissement*, Wattles écrit :

> « Vous devez vous débarrasser du dernier vestige de cette idée dépassée selon laquelle il existe une déité dont le désir est que vous soyez pauvre, ou dont les desseins sont de vous laisser dans la pauvreté. »

Dieu vous aime et veut que vous viviez une vie abondante. Dieu vous offre l'abondance, un plus grand bien, une expansion, une expression plus pleine.

> « La substance intelligente qui est le Tout et dans toute chose, qui vit dans le Tout et vit en vous, est une substance vivante consciente. »

Le pouvoir qui fait pousser les plantes et les arbres s'écoule vers vous et à travers vous.

> « Étant une substance consciemment vivante, elle doit avoir le désir naturel et inné de toute intelligence vivante d'accroître la vie. Tout être vivant doit chercher continuellement l'expansion de sa vie, car l'existence, par le simple acte de vivre, doit s'accroître. »

Vous le voyez dans chaque forme de vie. Quand vous contemplez la nature tout entière, vous voyez expansion et expression. Le seul endroit où cela ne s'exprime pas correctement, c'est dans les affaires humaines.

Là où j'habite, nous avons une grande vigne vierge sur la palissade du côté ouest de notre maison, elle est magnifique. Elle couvre toute la palissade. Il y a un an ou deux, nous avons décidé de remplacer la palissade parce qu'elle commençait à pourrir. J'ai longtemps hésité, car je pensais que nous allions devoir nous débarrasser de la vigne. Les ouvriers ont démoli la vieille palissade, ont monté la nouvelle et, heureusement, la vigne vierge a tenu. Elle est tellement belle. C'est la vie qui s'exprime plus amplement.

Wattles écrit : « Une graine tombée sur le sol passe directement à l'action et, dans l'acte de vivre, produit cent graines de plus. La vie se multiplie. Elle est à jamais en expansion. Et elle se doit d'être ainsi pour espérer perdurer. »

Le conférencier motivateur, Robert Schuller, écrit : « N'importe qui peut dire combien de graines il y a dans une pomme. Mais personne ne peut dire combien de pommes il y a dans une graine. » C'est exactement ce que ce passage vous explique.

Pour continuer d'exister, vous devez grandir. Si vous ne le faites pas, vous allez mourir. En fait, c'est cela mourir. Je pense que la retraite est le concept le plus méprisable jamais conçu par l'homme. Pourquoi est-ce qu'on penserait à une retraite ?

« N'importe qui peut dire combien de graines il y a dans une pomme. Mais personne ne peut dire combien de pommes il y a dans une graine. »
– Robert Schuller

Il y a des années, quand j'étais pompier, nous avions l'habitude de nous asseoir dans la caserne pour discuter. J'ai compris que tout ce qui préoccupait les hommes, c'était de savoir quand ils pourraient prendre leur retraite. Ils demandaient sans cesse à leur syndicat de faire baisser l'âge de départ à la retraite. J'ai commencé à lire le livre de Wattles assis dans la caserne des pompiers. Ce que j'entendais et ce que je lisais étaient à des pôles opposés. Je me disais : « Pourquoi est-ce qu'on voudrait prendre sa retraite ? Je ne veux certainement pas prendre ma retraite. »

Pour continuer avec Wattles :

> « L'intelligence est soumise à la même nécessité d'une extension continue. Chaque pensée qui nous traverse nous oblige à avoir une autre pensée. La conscience est en constante expansion. Chaque fait que nous apprenons nous conduit à découvrir un autre fait. La connaissance augmente constamment. Chaque talent que nous cultivons apporte à l'esprit le désir d'en cultiver un autre. Nous sommes animés par l'envie de vivre qui cherche à s'exprimer, ce qui nous conduit toujours à en savoir plus, à en faire plus, à vivre plus. »

Il y a une grande leçon dans ce propos que l'on peut exprimer ainsi : « Votre imagination vous garde emprisonné ou vous envoie vers de nouveaux territoires. Comment l'utilisez-vous ? » La vie et l'esprit coulent à travers vous et, à nouveau, l'esprit cherche toujours à s'étendre et à s'exprimer plus pleinement. Nous avons des envies urgentes de croissance. Si vous les réprimez, vous allez avoir des problèmes dans votre corps physique.

Wattles écrit : « Afin d'en savoir plus, de faire plus et de devenir plus, nous devons avoir plus. Nous devons avoir des choses à utiliser, car nous apprenons, nous faisons et nous grandissons, seulement par l'usage des choses. Il nous faut devenir riche, afin de pouvoir vivre une vie plus pleine. » Vous ne gagnez pas des fortunes pour simplement empiler un tas d'argent dans votre compte en banque ou autre inutilité de ce genre. La richesse sert à vous aider à vivre plus pleinement.

L'argent est le moyen d'échange que nous utilisons pour le produit ou le service d'une autre personne. L'humanité n'a pas toujours eu l'argent comme moyen d'échange. Si vous remontez assez loin, nous avions un système de troc. Si vous remontez encore plus loin, c'était plutôt :

« Écoute, je n'aime pas la chasse.

— Si tu fais des flèches pour moi, je chasse pour toi. »

Une autre personne demande : « Comment se fait-il que tu n'aies pas à faire des flèches ?

— J'ai quelqu'un qui me les fait. Je chasse pour lui. Il fait de bonnes flèches. Elles sont vraiment bien droites, et tu tires bien avec.

— Je me demande s'il en ferait pour moi.

— Je ne sais pas. Va lui demander. »

Le troisième type vient me voir et me demande des flèches, mais je lui réponds : « Non, je n'ai pas besoin de plus de viande, j'en ai déjà assez. »

C'est ici que l'argent entre en jeu. Nous devons avoir quelque chose qui sert de moyen d'échange pour les produits ou les services des autres gens.

> « Le désir de richesses est simplement la capacité d'avoir une vie plus grande qui cherche à s'accomplir davantage. Chaque désir est l'effort d'une possibilité inexprimée qui cherche à entrer en action. Le pouvoir qui tend à se manifester projette notre désir. Cette chose qui vous fait désirer davantage d'argent est la même que celle qui fait pousser la plante. C'est la Vie cherchant à s'exprimer davantage. »

Le désir est l'idée présente dans l'esprit subconscient qui veut s'exprimer plus largement. Ce qui vous fait désirer davantage d'argent est aussi ce qui fait pousser la plante. C'est la vie qui cherche une expression plus pleine. L'essence de la vie, au centre de votre conscience, est la perfection qui cherche à s'exprimer en vous et à travers vous.

Maintenant, voici notre problème. Nous réfléchissons : « J'aimerais bien avoir cette chose, mais je ne peux pas l'avoir. » Le fait même que vous y pensiez est la preuve que vous pouvez l'obtenir, même si vous ne savez pas encore comment vous y prendre. Vous pouvez avoir tout ce que vous voulez.

Voici le piège. Quand vous cherchez à atteindre un objectif, si vous savez comment l'atteindre, vous perdez pied : vous faites quelque chose que vous savez déjà faire. Il faut vous fixer un objectif qui vous oblige à aller là où vous n'êtes jamais allé. Sir Edmund Hillary ne savait pas comment atteindre le sommet de l'Everest avant d'y être. Les frères Wright ne savaient pas faire décoller un avion avant de se retrouver dans les airs.

> « C'est le désir de Dieu que vous deveniez riche. Il veut que vous vous enrichissiez, car Il peut mieux s'exprimer à travers vous si vous avez à votre service une plénitude de biens Lui permettant Son expression. Il peut vivre davantage en vous si vous avez le contrôle illimité des moyens de vie. »

Vous n'êtes pas Dieu. Vous êtes une expression de Dieu. Vous êtes ici pour accomplir l'œuvre de Dieu. Dieu veut faire plus de bien qu'il n'a été fait en vous et à travers vous. C'est pourquoi vous avez le désir de vouloir plus, de faire plus, d'être plus. En agissant ainsi, il vous faut grandir. Il vous faut devenir un être plus capable et plus conscient. De quoi devenons-nous plus conscients ? Nous devenons plus conscients d'être un avec Dieu. Nous devenons plus conscients de notre unicité avec ce pouvoir infini qui opère de façon ordonnée. Nous devenons plus conscients des facultés mentales que nous possédons et de la façon de les utiliser correctement. Il s'agit d'éveil.

Vous devez définir un objectif qui vous projette
là où vous n'êtes jamais allé.
Sir Edmund Hillary n'a su comment atteindre
le sommet du mont Everest qu'après l'avoir atteint.

Je fais moi-même mes propres diapositives pour mes PowerPoint. J'ai eu beaucoup de mal à savoir le faire car il y a beaucoup d'informations à absorber. Mais finalement j'ai appris et j'ai appris beaucoup d'autres choses en chemin. C'est aussi cela l'expression de l'esprit. Vous voulez faire quelque chose, vous voulez apprendre. Ne pensez pas qu'apprendre quelque chose soit une mauvaise chose. C'est une bonne chose. Cela vous oblige à devenir plus conscient. Désormais, je suis plus conscient de la façon de faire des diapositives que je ne l'étais auparavant. C'est ainsi que nous apprenons. Nous développons une plus grande sensibilisation sur le sujet.

> « L'univers désire que vous ayez tout ce que vous voulez avoir.
> La nature est bienveillante envers vos projets.
> Tout est naturellement à votre disposition.
> Décidez que ceci est la vérité.
> Cependant, il est essentiel que *votre but s'harmonise avec le but qui est dans le Tout.* »

Il vous faut un but dans la vie. J'ai un but : vivre et travailler dans un environnement qui soit propice à mon épanouissement afin que je puisse mieux servir ma famille, mon entreprise, ma communauté, ma nation, et finalement le monde, par des voies nouvelles et plus vastes. Nous devons avoir cet objectif afin d'améliorer les choses.

> « Vous devez désirer la vraie vie, non pas le simple plaisir ou la gratification sensuelle. Vivre, c'est se servir de ses fonctions. Et l'individu ne vit vraiment que lorsqu'il actionne toutes les fonctions physiques, mentales et spirituelles dont il est capable, sans excès.

Vous ne voulez pas vous enrichir pour vivre dans la dépravation, pour l'assouvissement de désirs bestiaux. Cela n'est pas la vie. Mais l'utilisation de chaque fonction physique est une partie de la vie ; nul ne vit complètement en interdissant aux impulsions du corps leur expression normale et saine.

Vous ne voulez pas vous enrichir seulement pour jouir des plaisirs intellectuels, pour acquérir des connaissances, pour satisfaire votre ambition, pour dépasser les autres, pour être célèbre. Tout cela fait partie intégrante de la vie, mais celui qui vit pour les seuls plaisirs de l'intellect n'aura qu'une vie partielle, et ne sera jamais satisfait de son sort. »

Napoleon Hill écrit : « Une personne éduquée est une personne qui a développé les facultés de son esprit de telle façon qu'elle peut acquérir tout ce qu'elle désire, ou son équivalent, sans violer les droits d'autrui. »

« Une personne éduquée est une personne qui a développé les facultés de son esprit de telle façon qu'elle peut acquérir tout ce qu'elle désire, ou son équivalent, sans violer les droits d'autrui. »
– Napoleon Hill

À présent, je vais vous demander si vous sauriez mettre par écrit les facultés de votre esprit. Ne soyez pas gêné si vous ne le pouvez pas, car environ quatre-vingts personnes sur cent ne savent pas quelles sont les facultés de l'esprit.

Nous avons des facultés physiques : nous pouvons voir, entendre, sentir, goûter et toucher. Quand vous êtes sous anesthésie, on supprime ces facteurs sensoriels. Vous n'êtes pas conscient de ce qui se passe. Vos facteurs sensoriels sont strictement pour votre bénéfice physique. Ils vous aident à échanger et à communiquer avec le monde extérieur.

Mais si vous allez au-delà du monde physique, si vous allez aborder le monde non physique, il vous faudra étudier le développement de l'esprit et comprendre le côté spirituel de votre personnalité. Vous devrez comprendre vos facultés supérieures.

Votre ADN spirituel est parfait. Il ne nécessite ni modification ni amélioration. L'esprit est omniscient, tout-puissant et omniprésent. Toute la connaissance qu'il n'y a jamais eu, ou qu'il n'y aura jamais, est contenue dans l'esprit. Tout le pouvoir qu'il n'y a jamais eu, ou qu'il n'y aura jamais, est contenu dans l'esprit. L'esprit est omniprésent. Il est partout au même moment.

Savez-vous ce que cela signifie ? Cela signifie qu'il est en moi. Les écritures n'ont pas dit que l'esprit était présent partout sauf en Bob. Il est toujours présent, à 100 %, également présent en tout, au même moment.

C'est cela le vrai vous. Vous êtes la progéniture d'une âme immortelle. Vous êtes la création de Dieu. Dieu vous a créé à Son image.

Le problème, c'est que nous avons été créés à l'image de Dieu, mais nous ne le comprenons pas. En fait, nous sommes vraiment en pleine confusion, car nous avons créé Dieu à notre image. Nous voyons Dieu comme un homme, dans un seul endroit.

Comment cet homme pourrait-il avoir toute la connaissance et tout le pouvoir, et être également présent en tous lieux à la fois ? Nous ne savons pas comment répondre à cela. Nous disons : « Nous ne sommes pas censés savoir ces choses. » C'est ainsi que nous nous en tirons.

La vérité, c'est que vous parlez d'un Dieu qui est 100 % également présent, en tous lieux, au même moment. Il est omniscient et possède toute la connaissance qu'il n'y a jamais eu ou qu'il n'y aura jamais. Prenez votre smartphone. Le savoir-faire pour le fabriquer a toujours été là. Il a suffi à quelques personnes de se réveiller et de faire travailler leur cerveau pour que soudain nous ayons tous des smartphones. Il y a plus de puissance dans l'un de ces petits ordinateurs de poche que vous tenez dans la main qu'il n'y en avait dans l'ordinateur qui a envoyé la première fusée sur la Lune.

Cela vous donne une idée de là où nous allons. L'esprit est toute-puissance. Et c'est ce que vous êtes ! Vous avez toute la puissance en vous. Toute la connaissance est en vous – tout ce dont vous avez besoin.

Comment y avons-nous accès ? Comme nous l'avons vu, l'esprit est divisé en deux parties : le conscient et le subconscient. L'esprit conscient est branché sur des facteurs sensoriels qui sont comme de petites antennes qui nous aident à correspondre et à communiquer avec le monde extérieur.

L'esprit conscient est aussi l'esprit intellectuel. L'esprit intellectuel dicte la façon dont nous utilisons nos émotions. Les émotions s'expriment dans le corps : nous appelons cela *vibration*. L'émotion est la vibration.

Comment contrôlons-nous la vibration ? Par des facteurs intellectuels – la perception, la volonté, l'imagination, la mémoire, l'intuition et la raison. Le plus triste, c'est que l'on ne nous enseigne rien de tout cela à l'école. Depuis notre petite enfance, nous avons toutes ces facultés, mais nous ne les utilisons pas. Pourtant, elles sont toutes là, dans notre esprit conscient, et elles sont puissantes. La puissance pénètre dans la conscience par notre imagination : nous construisons des idées. Le processus étant de planter dans le cœur : « Car il est comme les pensées de son âme » (Proverbes 23 : 7). Nous construisons l'image et nous l'implantons dans le cœur.

Nous contrôlons la vibration des émotions par six facteurs intellectuels : la perception, la volonté, l'imagination, la mémoire, l'intuition et la raison.

Comment construisons-nous l'image ? Elle commence dans l'esprit qui nous donne l'envie. C'est l'envie en nous qui veut s'exprimer avec plus d'impact. Nous désirons depuis notre moi intime. Si vous demandez à quelqu'un : « Pourquoi voulez-vous cela ? », il ne le sait pas vraiment. Quand on demande à un petit enfant : « Pourquoi c'est ça que tu veux ? », il ne sait pas répondre. L'enfant le veut parce que l'esprit provoque son désir. L'esprit veut s'exprimer à travers l'enfant.

Quand l'envie pénètre notre conscience, nous utilisons notre imagination pour transformer cette envie en quelque chose que nous pouvons voir et dont nous pouvons parler. Puis, nous prenons cette envie et nous la renvoyons à l'esprit.

Nous la replaçons dans le cœur. Le cœur est le centre divin de votre vie : il englobe votre être tout entier. Le cœur, l'esprit en vous, alimente votre conscience, vous amenant à désirer consciemment quelque chose. Quand le désir vient, utilisez votre imagination pour élargir l'image de ce que vous voulez et la rendre claire comme de l'eau de roche, puis enfoncez-la dans votre cœur. Quand vous la plantez dans le cœur, en utilisant la répétition, l'image devient désir, ce qui altère votre vibration, ce qui change vos résultats. Quand vous commencez à utiliser vos facultés supérieures, vous touchez au génie qui est en chacun de nous.

Quand j'aide une personne en tant que coach, je lui demande : « Dites-moi exactement ce que vous voulez. » La plupart des gens ne le font pas. Ils sont timides. Ils gardent leurs désirs en eux : « Que penseriez-vous de moi si je vous disais ce que je désire ? »

« 2 % des gens pensent, 3 % pensent qu'ils pensent et 95 % des gens préféreraient mourir plutôt que de penser. »
– Dr Kenneth McFarland

Ce que vous allez me dire ne va en aucune façon changer ce que je pense de vous. J'ai déjà formé mon opinion sur vous : je vous vois comme un génie absolu. Faites-vous éclore votre génie ? L'exprimez-vous ? Y a-t-il de la fluidité dans votre vie ? Chez la plupart des gens, ce n'est pas le cas. Quand je m'assois avec une personne, je veux savoir exactement ce qu'elle désire. Comment voulez-vous vraiment vivre ?

Vous commencez par utiliser vos facultés supérieures. Vous libérez les pouvoirs de votre esprit. Votre facteur de raisonnement inductif vous donne la capacité de puiser dans l'esprit pur et simple. Vous avez la faculté de penser. Vous pouvez penser sous l'eau, dans un avion, dans la baignoire, en descendant la rue – où que vous soyez. Vous pouvez donc puiser dans l'esprit, recueillir des petits éléments de pensée, les rassembler et construire des idées. C'est ce que fait le facteur de raisonnement inductif. Ce que l'on appelle le *penseur*. La plupart des gens ne le développent pas vraiment.

Henry Ford disait que penser est la tâche la plus ardue qui soit, ce qui explique pourquoi si peu de gens s'y exercent. L'éducateur, le Dr Kenneth McFarland, disait que 2 % des gens pensent, 3 % des gens pensent qu'ils pensent et 95 % préféreraient mourir plutôt que de penser. J'aurais tendance à penser comme lui. Si vous croyez que tout le monde pense, écoutez ce qui se passe autour de vous. Il est évident que les gens ne pensent pas.

J'entends parfois des personnes parler de choses des plus terribles. Je leur demande : « Mais pourquoi est-ce que vous pensez ainsi ? Pourquoi allez-vous sur ce terrain-là ? Est-ce que vous ne comprenez pas que ce à quoi vous pensez, vous le devenez ? Vous êtes en harmonie avec cela. Vous allez l'attirer. Pensez à de bonnes choses. Pensez à la dynamo que vous êtes. Pensez au pouvoir phénoménal qui afflue vers vous et à travers vous. Pensez. Pensez vraiment. »

Abordons la notion de perception. J'ai déjà cité le Dr Wayne Dyer : « Quand vous changez la façon dont vous regardez une chose, la chose que vous regardez change. »

De temps à autre, quand j'ai un problème et que j'ai du mal à le résoudre, j'écris le problème aussi détaillé que je peux au temps présent. Puis, je mets le problème au centre de mon bureau, ou au centre de la table de la salle à manger, je m'assois sur une chaise et je le regarde. Je me pose cette question : « Est-ce que ce problème est en moi ou sur le papier ? » Cela peut me prendre un moment, mais je dois faire sortir ce problème de moi-même pour le mettre sur papier. C'est le seul moyen qui me rendra objectif.

Puis, je me demande : « Comment est-ce que Napoleon Hill regarderait la situation ? » Je vais ensuite m'asseoir de l'autre côté de la table, et me demande : « Comment est-ce qu'Earl Nightingale regarderait la situation ? » Il se peut que j'aille encore m'asseoir d'un autre côté de la table et me demande : « Comment est-ce que Henry Ford regarderait la situation ? »

Vous pouvez pénétrer dans l'esprit de Ford, dans l'esprit de Hill, de Nightingale. Vous pouvez pénétrer dans l'esprit de ces hommes et regarder votre problème depuis leur perspective. Vous allez recevoir plusieurs points de vue différents.

Très bientôt, votre perception va se déplacer de façon spectaculaire. Vous pourriez trouver qu'un gros problème n'est pas un si gros problème après tout.

Parlons de l'intuition. Votre intuition est une faculté mentale qui vous permet de capter une vibration et de la traduire dans votre cerveau. Parfois, vous n'êtes pas capable de la traduire, mais vous pouvez la capter.

Lorsque vous rencontrez une autre personne, celle-ci a une énergie de masse, elle exprime ce qui se passe dans son esprit par sa vibration. Elle exprime ses pensées, ses sentiments et ses actions en vibration. Votre facteur intuitif peut capter cette énergie.

Peu m'importe que vous pensiez avoir un facteur intuitif évolué ou non, quand vous êtes avec d'autres personnes, vous captez leur humeur. Lorsqu'il est évident que quelque chose les gêne, vous vous demandez de quoi il s'agit. Votre facteur intuitif capte cette énergie et vous signale que quelque chose les soucie.

Je peux m'avancer vers vous, lors d'un séminaire, et lire votre énergie comme je lirais un livre. Je fais cela de temps à autre, simplement pour montrer aux gens que je peux le faire. Si je peux le faire, vous pouvez le faire. Lorsque vous voyez une personne faire quelque chose, c'est une preuve que cela peut se faire. Vous avez les mêmes capacités que cette personne, vous pouvez faire ce qu'elle fait. Nous sommes tous des voyants – chacun d'entre nous.

Votre facteur intuitif capte la vibration et, sans arrêt, les messages arrivent vers vous. Vous pensez à quelqu'un à qui vous n'avez pas parlé depuis longtemps. Puis, le téléphone sonne et c'est cette personne qui vous appelle. Vous vous exclamez : « Quelle coïncidence ! Je pensais justement à toi. » Ce n'est pas du tout une coïncidence. C'est du transfert de pensées et cela se passe tout le temps. C'est votre facteur intuitif qui le capte.

Comment développer votre intuition ? Lorsque vous êtes avec une autre personne, toute votre attention consciente doit être portée sur elle. La plupart des gens portent leur attention sur eux-mêmes. Ils espèrent que leur cravate est droite, ils ont peur d'avoir de la nourriture sur la figure, ou ils se demandent ce que l'autre personne pense d'eux. Vous devez oublier ces bêtises. Cessez de vous soucier de ce que les gens pensent de vous. Si vous saviez combien ils pensent peu à vous, vous ne vous préoccuperiez pas de ce qu'ils pensent.

Mettez toute votre conscience sur cette personne. Concentrez-vous vraiment. Écoutez. Ayez une écoute active. Entendez tout ce qu'elle dit. Faites vraiment attention à ses paroles et, dans votre excitation, ne soyez pas si prompt à lui répondre que vous l'interrompez. Écoutez-la jusqu'à ce qu'elle ait fini. De cette façon, vous développez vraiment votre intuition.

Arrêtez de vous soucier de ce que les gens pensent de vous.
Si vous saviez combien ils pensent peu à vous,
vous ne vous inquiéteriez pas de ce qu'ils pensent.

La mémoire est une autre faculté mentale. Un jour, j'ai pris l'avion avec l'expert sur la mémoire, Harry Lorayne, nous nous rendions à un congrès à Toronto. C'est une heure de vol de New York à Toronto. Harry a ouvert un magazine, *Newsweek* ou *Time*, et l'a mémorisé en entier pendant le vol pour Toronto.

À son arrivée, Harry a demandé à son assistant de faire des copies de chaque page. Trois mille personnes sont entrées dans la salle de conférences et nous avons distribué des centaines de ces pages. Harry était à l'entrée pour accueillir les participants.

Quand Harry est monté sur l'estrade, il a proposé : « Je demanderais à tous ceux que j'ai accueillis à l'entrée de se lever. » Un grand nombre de personnes se sont levées. Il a commencé par donner les noms de chacun. Si le nom était difficile à prononcer, il l'épelait. Puis, il leur a demandé de lire une page au hasard. La personne s'arrêtait à un moment donné et il continuait de réciter à partir de l'endroit où elle s'était arrêtée. Il leur a dit exactement quelle publicité était sur chaque page, époustouflant tout le monde.

Il n'y a pas de limite à notre mémoire. Nous avons une mémoire parfaite. Ces muscles mentaux peuvent être développés jusqu'à un degré phénoménal. Si chaque jour je soulevais des poids avec un bras et laissais l'autre dans une écharpe, en très peu de temps, un bras serait bien musclé tandis que l'autre serait devenu inutile. C'est la même chose avec le cerveau. Ce dont vous ne vous servez pas, vous le perdez, alors que ce que vous exercez devient plus fort.

La volonté est encore une autre faculté mentale. Elle vous permet de maintenir une idée sur l'écran de votre esprit à l'exclusion de toutes les autres. Souvenez-vous, vous avez cinq sens qui opèrent comme de petites antennes. Elles ramassent toutes sortes de bruits extérieurs – une sirène, un camion de pompiers, une voiture de police, un chantier de construction. Vous pouvez tout éteindre et mettre toute votre attention consciente sur une seule idée – par la volonté.

La puissance s'écoule vers nous et à travers nous. Quand elle pénètre en nous, elle n'a pas de forme. C'est un esprit créateur pur et inaltéré. Nous lui donnons forme, puis nous la renvoyons à travers l'univers. Vous pouvez accroître l'amplitude de vibration, la rendre bien plus puissante, grâce à la concentration.

Si vous ne croyez pas au pouvoir de la concentration, imaginez ceci : vous faites vos courses dans un centre commercial et soudain vous vous sentez mal à l'aise. Vous sentez que, derrière vous, quelqu'un vous fixe, vous vous retournez vite et, effectivement, quelqu'un a les yeux rivés sur vous. Il détourne le regard et s'éloigne.

L'esprit subconscient acceptera
tout ce que vous y planterez.
C'est pourquoi il est si important
d'y planter de bonnes choses.

Quand une personne vous fixe, elle se concentre sur vous. Elle envoie une charge d'énergie puissante qui déclenche votre ressenti.

La concentration accroît l'amplitude de la vibration. Elle renforce la puissance émanant de vous. Si vous vous demandez si l'on peut raccourcir le temps que cela prend pour atteindre son objectif, la réponse est oui – par la concentration. La concentration accroît l'amplitude de la vibration. Plus vous donnez d'énergie à votre objectif, plus le temps d'incubation sera court. Nous devons donner plus d'énergie à notre but et nous faisons cela par la volonté de nous concentrer. Comme von Braun l'a dit à Kennedy, tout ce qu'il faudrait pour atteindre la Lune, c'est la volonté de le faire.

L'imagination est un outil tellement merveilleux. Tout ce qui est construit est d'abord construit dans l'imagination. Quand vous imaginez quelque chose et le donnez à votre esprit subconscient, celui-ci ne peut pas savoir si cette chose est réelle. Comme nous l'avons vu, l'esprit subconscient est amoral. Tout comme la terre, il se moque de ce que vous y plantez, mais il vous rendra ce que vous plantez. De la même façon, l'esprit subconscient acceptera ce que vous y plantez. C'est pourquoi il est si important d'imaginer de bonnes choses. Ainsi, vous construisez une magnifique idée.

Nous sommes tous des génies, mais vous accéder à votre génie en développant ces facultés supérieures. L'esprit est omniprésent. Les pensées sont omniprésentes. Vous choisissez celles que vous voulez, vous les rassemblez et vous construisez ainsi une idée. Quand cette idée est établie, vous vous y accrochez, car c'est ce que vous désirez. C'est ainsi que vous définissez vos objectifs.

CHAPITRE CINQ

Comment les richesses viennent à vous

Permettez-moi de commencer ce chapitre par une citation tirée du livre de Napoleon Hill, *The Big Money* (*Les Gros Sous*).

> « Lorsque l'argent arrive en quantités telles qu'on peut parler de "gros sous", il s'écoule vers ceux qui l'accumulent aussi facilement que l'eau dévale une pente. Il existe un grand courant invisible de puissance, que l'on peut comparer à un fleuve, dont un côté coule dans une direction, emmenant tous ceux qui pénètrent dans ce côté du fleuve vers l'avant, et toujours plus haut, jusqu'à la richesse. L'autre côté du fleuve coule dans l'autre sens et tous ceux qui ont la malchance d'y entrer (et sont incapables d'en sortir) sont emportés par la pauvreté et la misère. »

« Quand la richesse remplace la pauvreté,
le changement est d'habitude le résultat
d'un plan bien conçu et soigneusement exécuté.
La pauvreté n'a pas besoin de plan. »
– Napoleon Hill

Toute personne qui a accumulé une grosse fortune a reconnu l'existence de ce courant de vie. Il s'agit de notre processus de pensée. Les émotions positives de pensée forment le côté du fleuve qui nous emporte vers la fortune. Les émotions négatives forment le côté qui nous emporte vers la pauvreté.

Ce concept est d'une importance capitale pour la personne qui le suit dans l'intention d'accumuler une fortune. Si vous vous trouvez dans le côté du fleuve qui conduit à la pauvreté, ce concept peut vous servir de rame pour vous propulser de l'autre côté du fleuve. Il ne peut vous servir que si vous l'appliquez et l'utilisez. Que vous vous contentiez de le lire ou de porter un jugement sur lui ne vous sera d'aucun bénéfice.

La pauvreté et la richesse changent souvent de place. La pauvreté peut, et le fait généralement, prendre volontairement la place de la richesse. Quand la richesse prend la place de la pauvreté, le changement arrive généralement grâce à des plans soigneusement exécutés. La pauvreté n'a pas besoin de plan. Elle n'a besoin de l'aide de personne, car elle est audacieuse et impitoyable. La richesse est timide et discrète. Elle a besoin d'être « attirée ».

Au chapitre VI de *La Science de l'enrichissement*, Wattles écrit :

> « Lorsque je vous dis que vous n'avez pas besoin d'être dur en affaires, cela ne signifie pas que vous ne devez pas faire d'affaires du tout, ou que vous n'avez pas besoin de commercer avec vos semblables. Je veux dire que vous n'avez pas besoin de les traiter injustement. Vous ne devez

rien obtenir pour rien, *mais vous pouvez donner à chacun plus que vous ne lui prenez.*

Vous ne pouvez donner à quiconque plus en valeur d'achat que vous ne lui prenez, mais vous pouvez lui donner davantage en valeur d'usage de l'objet que vous lui prenez. Le papier, l'encre, et tout autre matériau qui entre dans la fabrication de ce livre ne valent peut-être pas l'argent que vous avez dépensé pour l'acheter, mais les idées qu'il vous inspire vous apporteront des milliers de dollars. Vous n'avez pas été lésé par ceux qui vous l'ont vendu : ils vous ont donné une grande valeur d'usage contre une petite valeur d'achat.

Imaginons que je possède un tableau d'un grand artiste qui, dans tout pays civilisé, vaudrait des milliers de dollars. Je l'emporte à la baie de Baffin et, avec mon bagout de vendeur, je persuade un Esquimau de me l'échanger contre un ballot de fourrures d'une valeur de 500 dollars. Je l'ai vraiment arnaqué, car le tableau n'a aucune utilité ni aucune valeur pour lui. Il n'apportera aucune plus-value à sa vie. Mais imaginez que je lui donne un fusil d'une valeur de 50 dollars en échange de ses fourrures ; dans ce cas, il a fait une bonne affaire. Le fusil lui sera utile. Il lui permettra d'obtenir bien plus de fourrures et de nourriture. Il améliorera sa vie de diverses façons, ce qui le rendra riche.

Quand vous vous élevez du plan de la compétition à celui de la création, examinez minutieusement vos opérations commerciales ; si vous vendez à une personne une chose qui n'améliore pas sa vie par rapport à ce qu'elle vous donne en échange, vous pouvez vous permettre d'arrêter ce genre de transaction. En affaires, vous n'avez besoin de battre personne. Et si vous êtes dans une activité qui exploite les gens, quittez-la immédiatement.

> Quand vous donnez à chaque personne davantage en valeur d'usage que vous ne lui prenez en valeur d'achat, alors vous ajoutez votre pierre à l'édifice lors de chacune de vos opérations commerciales. »

Beaucoup de gens revendiquent leur part du gâteau et arrivent à un point où ils se disent : « Si je veux plus de gâteau, je dois prendre le gâteau de quelqu'un d'autre. » Ce n'est pas du tout ainsi qu'il faut agir. La solution, c'est de confectionner un plus gros gâteau pour que chacun puisse en avoir davantage.

La loi de compensation stipule que la quantité d'argent que vous gagnez sera toujours en proportion exacte avec le besoin de votre activité, de votre habileté à la faire et de la difficulté à vous remplacer. Parmi ces trois conditions, il faut vous concentrer seulement sur l'une d'elles : votre habileté à accomplir votre activité. Vous devez donc vous poser cette question : « Suis-je bon dans ce que je fais ? »

Tout le monde veut être libre de son temps et jouir de la liberté financière. Et vous serez étonné par la quantité de temps libre dont vous disposez lorsque vous n'avez plus à penser à l'argent. Je me souviens du temps où je devais penser tout le temps à l'argent, parce que je devais de l'argent à tout le monde. Dans cette situation, l'argent domine vos pensées, car vos créditeurs ne vont pas vous lâcher. Ils vont vous appeler pour demander : « Où est l'argent ? » Si vous voulez être libre de votre temps, nettoyez votre situation financière. Il faut vous en débarrasser.

Quand vous n'avez plus jamais besoin de penser à l'argent, la quantité de temps libre dont vous disposez est incroyable. À présent, je passe pratiquement tout mon temps libre à faire du remue-méninges avec des personnes brillantes pour discuter de combien de millions nous pourrions gagner. Puis nous en venons aux stratégies. Si vous voulez gagner 10 millions de dollars, vous devez offrir un service de 10 millions de dollars. Comment puis-je offrir 10 millions de dollars en service ? Vous n'avez pas besoin de ne l'offrir qu'à une seule personne, il peut être proposé partout.

Dans la citation au début de ce chapitre, Napoleon Hill disait que l'argent est comme un fleuve, et c'est exact. Un côté remonte vers la richesse et la prospérité, l'autre côté descend en sens inverse vers la pauvreté, le manque et la restriction. Prenez l'habitude de cibler la grosse fortune.

Il n'y a que trois stratégies pour gagner de l'argent. Bien qu'il y ait un million d'endroits différents où vous pourriez utiliser ces trois stratégies, elles ne sont toujours qu'au nombre de trois : M1, M2 et M3. Quand j'étais enfant, on ne m'a pratiquement rien appris sur la façon de gagner de l'argent. Je ne l'ai pas non plus appris à l'école. On n'en parlait pas du tout. Quand j'ai quitté l'école pour commencer à travailler, personne ne parlait argent. Je ne savais rien sur la façon de gagner de l'argent, alors je travaillais toujours avec la stratégie M1, la petite stratégie. Je suis tombé sur la stratégie M3 par hasard. Je n'ai pas vraiment compris ce qui se passait. J'ai commencé à multiplier mes revenus sans vraiment savoir ce que je faisais.

Trois stratégies pour gagner de l'argent :

1. M1 : échanger votre temps contre de l'argent (96 % de la population) ;
2. M2 : investir votre argent pour gagner de l'argent (3 % de la population) ;
3. M3 : avoir de multiples sources de revenus multipliés par les efforts des autres (1 % de la population).

M1 est l'endroit où se trouvent la plupart des gens. En fait, 96 % des gens suivent la stratégie M1. Ce n'est pas la bonne stratégie. C'est là où les gens échangent leur temps contre de l'argent. Peu m'importe combien vous gagnez de l'heure : si vous travaillez à l'heure, vous vous y prenez mal. Faites-vous rémunérer à la tâche, ne vous faites pas rémunérer à l'heure.

M2 est une excellente stratégie. Elle n'est utilisée que par 3 % de la population, seulement trois personnes parmi une centaine, et cela pour une bonne raison. C'est là où vous investissez de l'argent pour gagner de l'argent. La plupart des gens n'ont pas d'argent à investir, c'est la raison pour laquelle seuls 3 % sont impliqués dans cette approche.

M3 est utilisée par 1 % des gens. Je suis tombé dedans dans les années soixante. Je n'avais absolument aucune idée de ce que je faisais, mais bien que n'ayant ni éducation formelle ni expérience des affaires, mes revenus sont passés de 4 000 dollars par an à 14 500 dollars par mois, en un an. Si vous multipliez 14 500 dollars par mois sur l'année, vous parlez de 174 000 dollars par an. Quand vous passez de 4 000 dollars à 174 000 dollars par an, c'est que quelque chose de spectaculaire s'est passé.

Il m'a fallu plusieurs années pour comprendre ce qui s'était passé. Pourquoi diable est-ce que je gagnais tant d'argent ? On m'avait élevé dans la croyance que pour gagner beaucoup d'argent, il fallait être vraiment doué. Je savais que je n'étais pas très intelligent. Vous n'avez pas besoin d'être très intelligent. Vous avez besoin d'être dans le bon côté du fleuve. C'est là que vous multipliez votre temps grâce aux efforts des autres, vous établissez de multiples sources de revenus et vous multipliez votre temps. N'importe qui peut utiliser ce concept. Est-ce que toutes les sources de revenus ont besoin d'être de la même taille ? Non. Certaines peuvent être importantes, d'autres moindres, d'autres encore ne marcheront pas du tout. Continuez d'améliorer ce que vous faites.

Wattles écrit à ce sujet :

> « Enfin, même si vous devez provoquer la création de vos richesses depuis la substance informe qui imprègne tout votre environnement, cela ne veut pas dire que ces richesses prennent forme dans l'atmosphère et naissent sous vos yeux. Par exemple, je ne suis pas en train de vous dire que, si vous voulez une machine à coudre, vous devez imprimer la pensée de cet objet sur la substance pensante jusqu'à ce que cette machine se forme, sans l'intervention d'une main humaine, dans la pièce où vous êtes assis, ou ailleurs. Mais si vous désirez posséder une machine à coudre, gardez à l'esprit l'image mentale de celle-ci en ayant la certitude absolue qu'elle est

> en train d'être faite, ou qu'elle est en route vers vous. N'y pensez jamais et n'en parlez pas autrement qu'avec la conviction qu'elle est certaine d'apparaître. Revendiquez-la comme étant déjà vôtre. »

En résumé, vous devez construire une image de ce que vous demandez à l'esprit. Cette image doit être très claire. Puis vous devez l'imprimer sur ce que Wattles appelle la *substance pensante*. L'image que vous implantez est exactement ce qui va venir à vous, car, en plantant l'image, vous contrôlez la vibration dans laquelle vous vous trouvez, ce qui dicte ce que vous attirez à vous.

Napoleon Hill l'a merveilleusement bien écrit : « L'imagination est la force la plus merveilleuse, la plus miraculeuse et la plus puissante que le monde ait jamais connue. » Un autre enseignant du contrôle de l'esprit : Neville Goddard, que l'on appelait simplement Neville, écrit dans son livre *The Power of Awareness and Awakened Imagination* (*Le Pouvoir de la conscience et l'imagination éveillée*) : « Vous devez vous imaginer complètement dans l'état de votre désir accompli. Ceci n'est pas une simple fantaisie, mais une vérité que vous pourrez prouver par l'expérience. » Vous entrez dans le désir accompli. Cela s'appelle *penser depuis la fin*. Neville disait : « Votre désir accompli devient puissamment réel lorsque vous pensez à partir de la fin. » Nous ne devons pas y penser seulement comme si c'était quelque chose à l'extérieur de nous, comme quelque chose que nous n'avons pas. Nous devons penser depuis l'endroit où nous l'avons déjà, c'est alors qu'il devient réel. Comme l'écrit Neville : « Imaginer avec détermination, penser à partir de l'accomplissement du désir, c'est le début de tous les miracles. Le futur doit devenir le présent dans l'imagination de celui qui, avec sagesse et conscience, crée les circonstances. »

Nous créons les circonstances, nous devons donc démarrer depuis cet endroit. Le futur est désormais présent dans notre imagination.

Nous n'essayons pas de trouver comment y arriver. *Nous y sommes.* Nous vivons l'expérience. Comme le déclare Neville : « Nous devons transformer la vision en état. "Penser à" se transforme en "penser *à partir de*". L'imagination doit se centrer sur un état d'être et voir le monde *à partir de* cet état. Penser *à partir de* la fin est une intense perception du monde des désirs accomplis. Penser *à partir de* l'état désiré est un vécu créatif. La méconnaissance de cette capacité de penser *à partir de* la fin est l'esclavage. C'est la racine de tout asservissement auquel l'homme est contraint. Se soumettre passivement à l'évidence des sens [c'est-à-dire à ce que nous voyons dans notre monde physique, en ignorant tout le monde non physique dans lequel nous pouvons puiser] sous-estime les capacités de notre Moi intérieur. Une fois que l'homme accepte que penser *à partir de* la fin est le principe créateur avec lequel il peut coopérer, il se libère alors de l'absurdité qui consiste à essayer d'atteindre son objectif simplement en y pensant. »

« Imaginer avec détermination, penser à partir de la fin, c'est le commencement de tous les miracles. »
– Neville Goddard

Quand nous nous servons de notre imagination, notre objectif est de ne pas penser à quelque chose à l'extérieur de nous. Notre objectif est de le ressentir comme si c'était vrai.

Examinons cela ainsi : nous vivons dans un monde spirituel. Nous sommes des êtres spirituels. Nous vivons dans un corps physique. Nous faisons une expérience physique. Nous possédons un intellect qui nous permet de tirer parti du monde spirituel non physique. Dans ce monde résident les pensées. *Pensée* et *esprit* sont des synonymes. Nous pouvons puiser dans ce monde non physique et choisir n'importe quelle idée que nous désirons. Nous choisissons n'importe quelles pensées que nous voulons, créons une idée et maintenons cette idée dans notre esprit. Comme l'a dit Earl Nightingale : « Ce grand rêve, cette chose dynamique déferlante, invisible au monde entier sauf à la personne qui le possède, est responsable de toute grande avancée de l'humanité. »

Vous avez un grand rêve magnifique dans votre esprit. Vous le transformez alors en objectif. Comment ? Commencez par l'imagination. C'est ici le pays merveilleux. Vous rêvez de ce qui est possible et de ce que vous voulez pour vous-même.

À ce stade, vous vous êtes accroché à quelque chose que vous désirez, mais ce n'est qu'une théorie. Vous devez la transformer en objectif. Pour ce faire, posez-vous deux questions : est-ce que *je veux* le faire ? Est-ce que *je suis capable* de le faire ? Tout ce dont nous avons discuté nous affirme que nous en sommes absolument capables. Vous n'aimeriez pas une chose, vous ne la désireriez pas, si vous n'étiez pas capable de l'obtenir. Si vous pouvez vous accrocher à cette vérité et devenir continuellement plus conscient de votre nature et du potentiel infini en vous, vous pourrez facilement répondre à cette question. *Oui, je peux le faire.*

Puis, vous devez répondre à la question : *est-ce que je veux le faire ?* Est-ce que je suis prêt à faire ce qu'il faut faire pour atteindre cet objectif ? Cette technique, que l'on appelle *visionnement*, vous permet de vous accrocher à ce que vous désirez, au niveau subconscient. C'est une technique qui vous permet de changer votre paradigme. Quand vous liez votre pensée et votre objectif, vous pouvez créer des choses sensationnelles dans votre vie. Le visionnement est vraiment l'endroit d'où vous commencez à créer votre monde en utilisant efficacement vos facultés supérieures. Vous créez et maintenez l'image de ce que vous désirez.

Votre esprit, le côté supérieur de votre personnalité, est de loin la plus importante partie de vous-même. Votre être physique est une petite partie de qui vous êtes. Votre esprit est constitué de deux parties distinctes. L'esprit conscient est l'endroit où vos idées sont générées, ensuite acceptées ou rejetées. Votre esprit subconscient est complètement différent : il ne peut différencier ce qui est réel de ce qui est imaginaire. Il doit accepter tout ce que vous lui donnez. Que lui donnez-vous ?

L'esprit conscient est aussi l'esprit intellectuel. C'est en lui que résident vos facultés supérieures. Il nous faut utiliser ces facultés supérieures – la perception, la volonté, la raison, l'imagination, l'intuition, la mémoire – pour changer de paradigme, pour en créer un nouveau.

Avec le visionnement, nous nous concentrons sur deux facultés : l'imagination et la volonté. Nous les utilisons pour puiser dans le monde non physique, nous créons une image, et nous changeons notre vibration, car nous avons changé de paradigme. Notre paradigme dicte la vibration dans laquelle nous sommes. Il déclenche la loi d'attraction, attirant ce qui est en harmonie avec nous. C'est un outil d'une puissance incroyable.

Visionnement : utiliser l'imagination et la volonté pour puiser dans le monde non physique, créer une image, changer de vibration, et attirer ce que vous désirez.

Je vous recommande cette pratique quotidienne de la visualisation : la première chose à faire au lever et la dernière chose à faire au coucher. Je la fais tout au cours de la journée. Une fois que vous êtes vraiment à l'aise, la pratiquer, ne serait-ce qu'une minute, est puissant. C'est comme mettre la lumière. Vous ressentez le déplacement de votre vibration. C'est alors que vous savez que vous agissez correctement.

Pour commencer, nous oublions nos sens. Puis, nous allons créer ce que nous désirons. Nous allons mettre ce que nous désirons sur l'écran de notre esprit. Nous allons créer une grande et belle image de ce que nous désirons. Nous allons laisser notre imagination s'envoler afin que notre envie devienne un désir brûlant. Peu importe ce que les autres en pensent. Peu importe ce qu'en pense votre paradigme. Peu importe si votre paradigme pense que c'est de la folie.

Comme Genevieve Behrend l'écrit : « Exercez-vous à la pratique d'imaginer délibérément votre désir, et examinez avec soin le tableau. » Demandez-vous si vous avez une image vraiment claire de ce que vous désirez. Est-ce une belle image sur l'écran de votre esprit ? Avez-vous examiné l'image pour voir si elle contient tous les éléments qui sont importants pour vous ? Quand vous retournez l'image dans votre esprit, vous commencez à être émotionnellement impliqué. Si ce n'est pas clair dans votre esprit, ce ne sera pas clair dans sa manifestation.

Au fur et à mesure que vous ferez cette pratique, vous verrez que vos pensées et vos désirs progressent d'une manière plus ordonnée qu'auparavant. Vous avancerez selon la loi. Vous avancez vers le bien que vous désirez et il avance vers vous. Vous l'attirez et vous passez à l'action.

Lorsque vous faites cette pratique, vous alignez vos pensées et vos désirs. Vous créez une harmonie entre votre esprit conscient, votre esprit subconscient et votre corps. Vous établissez une congruence. Vous avez changé le paradigme afin d'être en totale harmonie avec le bien que vous désirez. « Ayant atteint un état de mentalité ordonnée, vous n'êtes plus dans un état constant de précipitation mentale. La précipitation est une peur et, par conséquent, elle est destructrice. » Vous avez atteint un état de mentalité ordonnée. Ce que vous désirez est clair dans votre esprit. Vous avez changé de paradigme. Vous faites l'expérience de plus de joie, de plus de beauté, de plus d'expansion dans votre vie.

Avant d'atteindre cet état, vous allez traverser une phase où tout n'est pas en ordre parfait. Il y a une différence entre ce qui est dans votre esprit conscient et ce qui est dans votre esprit subconscient. Mais à partir du moment où votre croyance s'accorde avec votre état, vous fusionnez avec elle. Vous vous situez sur une fréquence plus élevée. Vous attirez un calibre de pensées totalement différent. Vous avez élevé votre conscience. Comme l'explique Neville : « Cela devient la maison depuis laquelle vous voyez le monde. C'est votre atelier. Si vous êtes observateur, vous verrez la réalité extérieure se façonner selon le modèle de votre imagination. »

L'esprit subconscient prend simplement ce que vous lui donnez et entre en action. Il ne change pas quoi que ce soit, il ne change rien. Tout comme la terre, il fera pousser ce que vous y semez.

Wattles écrit :

> « N'oubliez pas un seul instant que la substance pensante traverse tout, est dans tout, communique avec tout et peut tout influencer.
> Le désir de la substance pensante pour une vie plus pleine et meilleure a occasionné la création de toutes les machines à coudre déjà fabriquées. Elle peut provoquer la création de millions d'autres, et elle le fera chaque fois que les êtres humains la déclencheront par leur désir et leur foi, en agissant d'une *certaine manière*.
> Il est certain que vous pouvez avoir une machine à coudre chez vous. Il est tout aussi certain que vous pouvez avoir

toute autre chose ou toutes les choses que vous désirez et que vous les utiliserez pour l'avancement de votre vie et celle des autres.

Vous ne devez pas hésiter à demander de grandes choses. “Il a plu à votre Père de vous donner le Royaume”, a dit Jésus. La substance originelle veut vivre tout ce qu'il est possible de vivre en vous, et elle veut que vous ayez tout ce dont vous pourriez avoir besoin pour vivre la vie la plus abondante. »

« N'oubliez pas que la substance pensante traverse tout, est dans tout, communique avec tout et peut tout influencer. »
– Wallace Wattles

CHAPITRE SIX

Comment utiliser la volonté

Ce que je vais vous enseigner dans ce chapitre devrait être appris par tout le monde, mais pratiquement personne ne le sait : comment utiliser la volonté. C'est vraiment ainsi que l'on change les paradigmes.

Wattles écrit :

> « Quand vous savez quoi penser et quoi faire, il ne vous reste plus qu'à utiliser votre volonté pour vous forcer à penser et à faire ce qui est juste. Il est légitime d'utiliser la volonté pour recevoir ce que vous désirez. Servez-vous de votre volonté pour vous maintenir dans la bonne direction, pour continuer à penser et à agir d'une *certaine manière.* »

Voyez-le comme ceci : d'un côté se trouve l'ignorance, de l'autre côté la connaissance. Il existe un pouvoir qui coule dans votre conscience en ce moment même et vous pouvez réaliser n'importe lequel de vos désirs avec ce pouvoir. Vous avez la faculté de penser tout ce que vous désirez.

Supposons que vous regardiez vos finances, et nous sommes le 15 du mois. Vous devez trouver 5 000 dollars avant la fin du mois. Vous n'avez aucune idée d'où viendra l'argent et vous n'avez pratiquement rien à la banque. Maintenant, quelles devraient être vos pensées et quelles seront vos pensées ?

La puissance s'écoule en vous. Vous avez la capacité de penser ce que vous voulez. Je vais vous dire maintenant ce que font la plupart des gens : ils construisent une idée négative. Ils travaillent dur et se disent : « Je vais y mettre tout mon possible », mais ils s'inquiètent et ils doutent de leur capacité à le faire. Ils s'impliquent émotionnellement dans une idée qui installe la peur.

Que s'est-il passé ? Une puissance coule en vous, avec laquelle vous pouvez créer ce que vous voulez, mais vous utilisez cette puissance pour créer un concept négatif. Vous voyez ce que vous *ne voulez pas* voir. Vous construisez une image et l'imprimez sur l'écran de votre esprit. C'est là que la peur a commencé.

Tout ce qui est imprimé doit être exprimé, les gens l'expriment donc sous forme d'anxiété. Si vous souffrez d'angoisse, c'est exactement là qu'est l'origine du problème. Mais cela ne s'arrête pas là, car si l'angoisse ne s'exprime pas, nous avons tendance à l'étouffer. Nous l'enfermons en nous et c'est la pagaille totale. Nous ne comprenons pas que nous jouons avec cet instrument délicat et malléable qu'est notre corps. Quand vous supprimez l'énergie, elle devient dépression : « Ce monde est terrible. Qu'est-ce que je vais faire ? » La dépression se transforme en la seule chose qu'elle puisse faire – la maladie. Le corps commence à se détériorer. C'est une forme lente de suicide. Nous ne mourons pas, nous nous tuons.

Revenons au problème. Il n'y a rien à la banque. Nous avons besoin de 5 000 dollars. Nous n'avons aucune idée de la façon de les obtenir. Vous vous demandez : « Comment est-ce que j'en suis arrivé là ? Je n'en sais rien. » Vous dites que la cause du problème, c'est qu'il n'y a pas assez d'argent. Ce n'est absolument pas la cause du problème. C'est un symptôme de la cause. La cause, c'est l'ignorance.

Vous avez la faculté de penser, n'est-ce pas ? C'est exact. Vous pouvez penser tout ce que vous voulez. Pourquoi est-ce que vous vous créeriez de l'anxiété ? Vous l'ignorez, mais vous savez quoi ? Il n'y a pas d'excuse pour l'ignorance. Quelqu'un peut dire qu'il ne savait pas, dommage, il perd quand même. Un petit enfant qui marche devant une voiture va probablement se faire écraser, parce qu'il ne sait pas que c'est dangereux – dommage. Un bébé tombe d'un balcon du septième étage. Vous vous exclamez : « Comment est-ce que Dieu a permis cela ? » Le bébé a rampé jusqu'au balcon. Le problème, c'étaient les parents. Ils ne surveillaient pas l'enfant. Le bébé était ignorant du danger, mais il n'y a pas de place pour l'ignorance.

Voyez-vous où je veux en venir ? Nous utilisons la volonté ici, mais c'est un mauvais usage de la volonté. Ne me dites pas que les gens ne savent pas utiliser la volonté. Ils l'utilisent. Ils se concentrent sur le problème au point de tomber malade. « Il n'y a pas d'argent. Qu'est-ce que je vais faire ? »

Vous pourriez vous réveiller. Que la lumière soit ! La foi aveugle est inutile. La foi fondée sur l'ignorance n'est qu'un souhait – c'est une ineptie inutile qui circule dans le cerveau. Mais la foi fondée sur la compréhension est la clé vers la liberté.

Nous devons comprendre que cet univers entier opère suivant la loi. Nous devons comprendre que tout sur le plan physique naît du plan non physique. Le manque et la restriction sont ce que nous avons créé. C'est ce que nous avons demandé et c'est ce que nous avons obtenu.

Quel est le contraire ? Nous devons comprendre. Il nous faut concevoir la loi des contraires. Nous devons comprendre comment créer. Nous devons assimiler que nous sommes des êtres créateurs possédant la faculté de choisir. Mais l'étude est la seule façon de développer la compréhension. Il n'y a pas d'autre moyen. Il nous faut étudier.

Cela paraît absurde, pourtant, même en ayant un compte en banque vide, si vous avez dans votre esprit l'image où les 5 000 dollars et plus y sont déposés, ils y seront. Je ne sais pas d'où ils viendront, mais je sais qu'ils y seront. Ne vous en souciez pas. Ne pensez même pas ne pas les avoir. Prenez l'image de la chose que vous désirez, maintenez cette image et imprimez-la sur votre esprit subjectif.

Tout ce qui existe sur le plan physique
provient du non-physique.
Nous avons créé le manque et la restriction.
C'est ce que nous avons demandé
et c'est ce que nous avons obtenu.

Vous avez la foi, c'est-à-dire la capacité de voir l'invisible et de croire à l'incroyable. La foi vous permettra de recevoir ce que les masses prétendent être impossible. Le bien-être, non l'angoisse, est l'expression de la foi. Le bien-être n'est pas supprimé, il est exprimé. L'expression s'accélère car vous êtes à l'aise. Vous comprenez et vous créez le bien que vous désirez. Il sera là.

Vous avez le choix. Vous pouvez choisir la voie du non-contrôle. C'est ainsi que vivent la plupart des gens. Ils ne sont pas du tout au contrôle d'eux-mêmes. Ou vous pouvez choisir la voie opposée et être au contrôle. Vous devez être au contrôle. Je veux être au contrôle de moi-même.

Il nous faut comprendre le processus créateur : lorsque nous demandons ce que nous désirons et que nous nous attendons à le recevoir, il va se manifester dans notre vie aussi sûrement que nous vivons sur terre. C'est une vérité si élémentaire et pourtant si incomprise. Quand nous commençons à vraiment comprendre ce principe, tout change dans notre vie.

Puisque la croyance est de toute importance, il vous incombe de prêter attention à vos pensées. Vos croyances étant façonnées en grande partie par les choses que vous observez et auxquelles vous pensez, il est important de diriger votre attention sur ce que vous désirez. La concentration est la clé. Là où va la concentration, l'énergie s'écoule. Vous devez être au contrôle du flux.

Voici maintenant la vérité : la plupart des gens vivent d'une certaine façon une partie du temps et d'une autre façon une autre partie du temps. Parfois ils agissent comme s'ils étaient au contrôle, parfois ils agissent comme s'ils n'y étaient pas. Je vous suggère de ne jamais vivre ainsi. Je vis ainsi par périodes, mais cela ne dure que quelques minutes. Je ne resterais jamais dans cet état. À la seconde où je me sens dans cette vibration, je l'arrête, car je sais ce que je suis en train de me faire et je retourne à un état d'esprit positif.

Quand nous demandons ce que nous désirons
et nous attendons à le recevoir,
cela va se manifester dans notre vie,
aussi sûrement que nous nous tenons debout sur la terre.

CHAPITRE SEPT

Le pouvoir de la gratitude

Au chapitre 7 de *La Science de l'enrichissement*, Wattles écrit :

> « [...] le premier pas vers l'enrichissement consiste à transmettre l'idée de vos désirs à la substance informe.
> Ceci se révèle exact, et vous verrez que pour transmettre l'idée de vos désirs, il devient nécessaire de vous relier avec l'intelligence informe de manière harmonieuse.
> S'assurer de cette relation harmonieuse est d'une importance tellement basique et vitale que je vais y consacrer une longue partie, et vous donner des instructions qui, si vous les suivez, vous amèneront avec certitude à une parfaite unité avec l'esprit de Dieu.
> Tout le processus d'ajustement et de réconciliation avec l'esprit de Dieu peut se résumer en un mot : *gratitude.* »

Il parle du processus d'ajustement mental. À chaque fois que nous sommes frustrés, à chaque fois que nous sommes déprimés, à chaque fois que nous nous sentons dans une vibration basse, la raison en est l'agitation de notre esprit. Nous devons donc ajuster ce qui se passe dans notre esprit. Nous nous mettons en harmonie avec le bien que nous désirons et abandonnons tout ce qui nous met en colère ou nous contrarie.

Ce processus concerne aussi la rédemption. Il s'agit de pardonner, de libérer, de tout simplement lâcher prise. Nous le faisons car nous voulons nous relier au bien que nous désirons. Nous voulons être en harmonie avec lui.

Wattles établit un processus en trois étapes : « Premièrement, croyez qu'il existe une substance intelligente de laquelle proviennent toutes les choses. Deuxièmement, croyez que cette substance vous donne tout ce que vous désirez. Troisièmement, soyez relié à cette substance par un sentiment de profonde gratitude. » C'est un exercice qui soulève les émotions, mais il est aussi profondément spirituel. Nous nous relions à la source de tout le bien qui arrive à nous et nous le faisons de la manière des plus révérencieuses en ressentant de la gratitude par toutes les cellules de notre corps. Nous déplaçons notre vibration.

Wattles poursuit :

> « Bien des gens qui régissent correctement leur vie dans tous les autres domaines sont maintenus dans la pauvreté du fait de leur manque de gratitude. Après avoir reçu un don de Dieu, ils coupent la communication qui les relie à Lui en omettant de Lui en être reconnaissants.
>
> Il est facile de comprendre que plus nous sommes près de la source des richesses, plus nous recevrons de richesses. Il est aussi facile de comprendre que l'âme qui éprouve toujours de la gratitude vit plus près de Dieu que celle qui ne Le considère jamais avec une profonde reconnaissance.

> Plus nous contemplons le Suprême avec gratitude lorsque des bienfaits nous arrivent, plus nous recevrons de bienfaits et plus ils viendront rapidement, pour la simple raison que la gratitude rapproche l'esprit au plus près de la source d'où proviennent les bénédictions.
>
> Si l'idée que la gratitude amène votre esprit tout entier vers une harmonie plus proche des énergies créatrices de l'univers est nouvelle pour vous, réfléchissez-y, et vous verrez qu'elle est vraie. Les bienfaits que vous connaissez déjà sont venus à vous conformément au respect de certaines lois. La gratitude conduira votre esprit sur les voies par lesquelles les choses arrivent. Elle vous gardera en étroite harmonie avec la pensée créatrice et vous empêchera de tomber dans la pensée de compétition. »

La gratitude vous fait mettre l'accent sur le bien, pas seulement pour vous, mais pour tous ceux avec lesquels vous entrez en contact. Lorsque vous êtes sur le plan créateur, vous devez donner à tous une impression d'accroissement. Votre esprit réclame l'accroissement. Votre être spirituel veut plus d'expression et plus d'expansion, et il en est de même pour l'esprit de chacun. Lorsque vous comprenez cette profonde vérité, tout change vraiment dans votre vie et les biens commencent à venir en abondance.

Nous entrons en harmonie avec le bien que nous désirons et nous déplaçons notre vibration pour vraiment ressentir de la gratitude. Le ressenti est la clé.

Je vais vous donner un exercice en gratitude, mais je veux d'abord insister sur quelques éléments afin d'en assurer la fondation. Posez-vous les questions suivantes :

- Est-ce que vous vous aimeriez si vous vous rencontriez ?
- Quittez-vous les gens avec une impression d'accroissement ?
- Avez-vous un état d'esprit créateur ?
- Partagez-vous la beauté qui est en vous, ou êtes-vous concentré sur des choses négatives ?

Si vous n'aimez pas votre réponse à l'une ou l'autre de ces questions, acceptez-le. Ne vous en faites pas. Comprenez simplement que vous pouvez changer : vous pouvez vous fixer l'objectif de laisser chacun avec une impression d'accroissement. Carl Jung disait : « Je ne suis pas ce qui m'est arrivé. Je suis ce que je choisis de devenir. »

Les trois étapes du processus de gratitude de Wallace Wattles :

1. Croyez en l'existence d'une Substance Intelligente.
2. Croyez que cette Substance vous donne tout ce que vous désirez.
3. Reliez-vous à Elle par un sentiment de profonde gratitude.

Ne soyez pas entravé par ce qui s'est passé. Ne revenez pas en arrière. Continuez à vous projeter dans l'avenir. Au fur et à mesure que vous élevez votre niveau de conscience, vous recréez qui vous êtes.

Ce n'est pas ce que vous êtes qui vous retient, c'est ce que vous pensez ne pas être. La personne que vous êtes est magnifique. Ce que vous pensez ne pas être n'est que le paradigme qui vous empêche de voir la réalité. Oubliez cela. Abandonnez l'ancienne programmation. Respectez-vous suffisamment pour quitter tout ce qui ne vous sert plus, ce qui ne vous aide plus à grandir, ou qui ne vous rend pas heureux.

Réfléchissez. Qu'est-ce qui occupe votre vie – les relations, les habitudes, le travail ? Si l'un de ces domaines ne vous sert plus, respectez-vous suffisamment pour le quitter. Vous vous le devez à vous-même.

Enlevez les masques de l'illusion, brisez les chaînes de l'attente, libérez les schémas incrustés, renoncez aux histoires du passé. Oubliez la peur. Il n'est jamais trop tard pour devenir qui vous êtes vraiment. Certains de vos paradigmes ne sont que des croyances limitantes dont vous avez hérité. Ce sont de vastes illusions que vous pouvez abandonner.

Qu'en est-il des prisons de l'attente ? Combien de fois faisons-nous certaines choses parce que nous pensons que quelqu'un d'autre s'attend à ce que nous les fassions ? Libérez-vous des chaînes de l'attente, débarrassez-vous de ces anciens comportements et remplacez-les par de nouvelles façons de faire. Avant tout, lâchez la peur. Il n'est jamais trop tard pour être qui vous êtes vraiment.

Nous devons intégrer l'idée qu'il existe un monde intérieur merveilleux qui opère en nous, en ce moment même. Découvrir ce monde vous permet de faire, d'atteindre et de réaliser tout ce que vous désirez dans les frontières ou les limites de la nature. En ce moment même, une belle énergie circule vers vous, et à travers vous, qui vous permettra de faire tout ce que vous souhaitez. Alors, abandonnons ces pensées limitantes, abandonnons le paradigme limitant et amenons davantage de belle énergie pour façonner une vie magnifique.

Elle est là, à portée de main. Il nous faut rester connecté en conscience. Ainsi, nous sommes conscients de la source et du créateur de tout pouvoir, nous nous rendons compte des nombreux bénéfices qui nous entourent et nous les recevons. C'est cela la gratitude. Elle nous garde connectés en conscience. Wattles l'a merveilleusement bien décrit : « Tout le processus d'ajustement mental et de rédemption peut se résumer en un seul mot : *gratitude.* »

« Tout le processus d'ajustement mental
et de rédemption peut se résumer
dans un seul mot : gratitude. »
– Wallace Wattles

À chaque fois que vous êtes perturbé, que vous avez un problème, ou que quelque chose ne va pas comme vous voulez, comprenez que cela se passe dans votre esprit. Vous devez faire un réajustement mental. Lorsque vous vous posez afin de ressentir vraiment les raisons pour lesquelles vous éprouvez de la gratitude, votre problème disparaît. Il y a une réelle puissance dans cet exercice.

L'exercice de gratitude comporte trois étapes :

1. Trouvez dix choses pour lesquelles vous éprouvez de la gratitude et écrivez-les. C'est le moment où vous devez vraiment vous discipliner pour changer de ressenti.

Éprouvez vraiment de la gratitude pour tout ce que vous écrivez. Ressentez-la dans toutes les cellules de votre être. Commencez par ce qui est facile, vous amorcez ainsi le changement de votre ressenti. Ainsi, vous entrez en contact avec votre essence spirituelle, vous ressentez une extrême gratitude et vous êtes en harmonie avec le bien.

Les éléments que vous écrivez peuvent déjà être présents dans votre monde physique, mais ils peuvent aussi ne pas être encore manifestés physiquement dans votre monde.

Nous naviguons sur deux plans. Ainsi, par la loi,
du moment que nous n'abandonnons pas notre désir,
il doit se manifester dans notre monde physique.
Nous pouvons donc être reconnaissants,
dès à présent, avant sa manifestation,
car nous savons, par la loi, qu'il s'accomplit.

Cette pratique est extrêmement puissante, car, comme nous le savons, notre personnalité fonctionne sur trois plans. Nous sommes des êtres spirituels, nous vivons dans un corps physique et nous avons un intellect qui nous relie à notre côté supérieur. En nous exerçant à la gratitude, nous comprenons que notre bien se situe sur le plan spirituel. Nous l'avons déposé sur le plan intellectuel, car nous avons décidé que c'est cela que nous cherchons et nous utilisons notre imagination pour nous insérer dans le bien que nous désirons. Ainsi, nous avons déjà déposé notre désir réalisé sur deux plans. Par conséquent, de par la loi, du moment que nous ne l'abandonnons pas, il doit apparaître dans notre monde physique. Nous pouvons donc en éprouver de la reconnaissance, dès à présent, avant qu'il ne soit déjà là, car nous savons, de par la loi, qu'il se réalise.

2. Ceci est un superbe outil que j'utilise pour concrétiser tout ce que je veux concrétiser dans ma vie. Cependant, à nouveau, la clé est de vraiment déplacer votre vibration. Vous devez ressentir ce déplacement. Restez tranquille pendant cinq minutes et demandez à l'esprit de vous guider pour votre journée. Dites ces mots : « Je suis prêt à être guidé. J'écoute. Je me connecte. Je veux cette guidance. Je vais la suivre. » C'est ainsi que vous êtes accordé, toute la journée, à la guidance de votre moi supérieur. Vous pouvez vous demander si ce que vous recevez est une vraie guidance. Si c'en est une, vous le saurez. C'est comme attraper un poisson. Si vous êtes déjà allé à la pêche, vous savez quand il y a un poisson au bout de la ligne, vous savez que c'est un poisson. C'est la même chose pour la guidance.
3. Envoyez de l'amour à trois personnes qui vous causent des ennuis. Si vous ne trouvez personne, c'est bien, n'inventez pas quelqu'un que vous allez transformer en problème. Mais souvenez-vous aussi de la question que je vous ai déjà posée : est-ce que vous aimeriez la personne que vous êtes si vous vous rencontriez ? Si la réponse immédiate est non, envoyez de l'amour à vous-même.

Il s'agit de vouloir vraiment pour quelqu'un d'autre ce que vous voulez pour vous-même, parce que vous comprenez qui vous êtes, vous comprenez votre connexion aux autres et comment tout s'opère de façon ordonnée, de par la loi. Vous devez envoyer le bien sur tout. Vous devez envoyer l'amour sur tout. Cela ne concerne pas l'autre personne – pas du tout. Cela vous concerne vous et la vibration dans laquelle vous vous trouvez. Si vous êtes en colère contre quelqu'un, si vous vous accrochez à l'idée qu'il vous a trahi et que vous n'abandonnez pas cette idée, vous vous bloquez du bien que vous désiriez. Votre vibration n'est pas en harmonie avec ce bien.

Vous devez apprendre à envoyer de l'amour, à pardonner et à lâcher prise. La clé, c'est de ressentir ce sentiment d'amour et d'abandonner tout ce qui ne vous sert pas. L'ajustement mental et la rédemption sont les clés.

Cet exercice est puissant. Cela vaut la peine de vous engager à le faire tous les jours. Faites-le profondément, encore et encore, et tout va s'améliorer.

L'exercice de gratitude en trois étapes du Proctor Gallagher Institute :

1. Trouvez dix choses pour lesquelles vous éprouvez de la gratitude et écrivez-les.
2. Restez tranquille pendant cinq minutes et demandez à l'esprit de vous guider pour la journée.
3. Envoyez de l'amour à trois personnes qui vous dérangent ou à vous-même.

CHAPITRE HUIT

Autres usages de la volonté

« Vous ne pouvez maintenir une vision juste et claire de la richesse si vous dirigez constamment votre attention sur des images qui s'y opposent, qu'elles soient externes ou imaginaires », écrit Wattles au chapitre 10 de son livre.

Cela est un point très important. Voyons maintenant à quel obstacle nous avons affaire. Votre corps a cinq branchements électriques – vos cinq sens – qui recueillent l'information venant du monde extérieur. Étant donné que 97 % de la population avance dans le mauvais sens, plus de 90 % des informations qui frappent vos facteurs sensoriels ne sont pas vraiment positives. De plus, une grande partie de ce qui se dégage de vous, de votre paradigme, n'est pas vraiment positif non plus. Par conséquent, si vous n'établissez pas, consciencieusement et délibérément, un système qui vous permettra de rester dans une attitude positive, vous êtes fini.

Comment faire cela ? En utilisant la volonté.

Wattles continue :

> « Ne parlez pas de vos ennuis financiers passés, si vous en avez eu. N'y pensez plus du tout. Ne parlez pas de la pauvreté de vos parents, ou des difficultés de votre enfance. Faire l'une de ces choses, c'est vous cataloguer mentalement parmi les pauvres et il est certain que cela affectera le mouvement des bienfaits qui se dirige vers vous.
> "Laissez les morts enterrer les morts", a dit Jésus.
> Tournez le dos à la pauvreté et à tout ce qui s'y rattache. »

Vous devez utiliser votre volonté pour vous forcer à penser et à faire ce que je vous ai enseigné. Si vous n'utilisez pas votre volonté de cette façon, vous allez sortir des rails. Vos sens sont bombardés par le monde extérieur, à travers la radio, la télévision, les journaux, les conversations des autres. Partout où vous allez.

Comme nous l'avons déjà vu, l'univers entier est rempli d'énergie. Tout est énergie. Vous allez attirer sur votre instrument physique l'énergie qui correspond à sa vibration.

Vous avez une station de commutation électronique dans le crâne, cela s'appelle un cerveau.

Le message atteint ces cellules qui vont alors accroître leur amplitude de vibration. (Elles vibrent sans cesse car la loi de vibration stipule que tout vibre.) Le résultat, c'est que vous entrez dans cette vibration.

Je me souviens de ma grand-mère, une chère vieille dame toujours assise dans sa chaise à bascule. Quand elle entendait de mauvaises nouvelles à la radio, elle pleurait. Elle y mettait vraiment tout son cœur. À cette époque, je pensais : « Grand-mère, pourquoi est-ce que tu te soucies de cela ? Pourquoi est-ce que tu y prêtes attention ? » Ma grand-mère était vraiment attirée par les mauvaises nouvelles. Son paradigme aimait écouter tous ces malheurs. C'était une gentille vieille dame et elle avait de la peine pour ces gens, mais elle ne les aidait pas en restant assise là à pleurer.

Cela me rappelle l'histoire de Doug Wead. Il était conseiller particulier auprès du président des États-Unis. Il a écrit la préface de mon livre *Vous êtes né riche*. Doug Wead était quelqu'un de gentil et d'intelligent. Alors qu'il était encore au séminaire, il y avait pas mal de problèmes au Viêtnam où des gens mouraient de faim. Doug et trois de ses camarades ont commencé une grève de la faim. Ils allaient le midi à la cafétéria, prenaient un plateau et s'assoyaient à la table, les assiettes vides. C'était leur façon d'attirer l'attention sur ces pauvres gens en train de mourir de faim. Mais un jour qu'il était assis là, l'idée lui est soudain venue que des assiettes vides n'allaient pas nourrir des gens affamés. Il ne les aidait en rien.

Au lieu de vous sentir triste et de vous perdre dans une cause comme celle-là, la meilleure chose que vous puissiez faire, c'est de vous aider *vous*. Soyez le meilleur exemple que vous puissiez être. Quand vous aurez plus d'argent que nécessaire, vous pourrez commencer à donner.

Quand vous savez ce qu'il faut penser et ce qu'il faut faire, vous devez vous servir de votre volonté pour vous obliger à penser et à agir correctement. L'usage honnête de la volonté pour obtenir ce que vous désirez, c'est de l'utiliser pour vous maintenir sur la bonne voie. Utilisez votre volonté pour penser et agir d'une « certaine manière », comme le définit Wattles. Qu'est-ce qu'une « certaine manière » ? De par la loi. C'est si élémentaire et pourtant si mal compris. Vous avez une magnifique pensée à l'esprit et vous avez une volonté. Vous allez alors être bombardé des deux côtés, vous allez donc recevoir aussi du négatif. Vous devez utiliser votre volonté pour maintenir votre magnifique idée.

Souvenez-vous : nous avons déjà abordé la question de l'ignorance et de la connaissance. Nous avons dit que l'ignorance engendre le doute et l'inquiétude, qui eux-mêmes engendrent la peur, qui à son tour engendre l'angoisse. Nous refoulons l'angoisse, ce qui cause la dépression, qui cause la maladie, qui cause la désintégration de l'individu.

Nous n'avons pas besoin d'agir ainsi. De l'autre côté, nous nous impliquons dans la connaissance. Comment ? En étudiant. Quel est le pôle opposé de l'inquiétude ? La compréhension.

Comme nous l'avons vu, la loi de polarité opère tout le temps. Elle décrète que tout est à la fois bon et mauvais mais, en fait, ce n'est ni l'un ni l'autre. C'est juste que les choses sont ce qu'elles sont. Nous avons le bon et le mauvais. Les choses sont là et, au beau milieu, tout est tel qu'il est. Si nous pouvons nous en souvenir, il nous sera facile d'utiliser notre volonté pour rester sur la bonne voie.

Wattles écrit : « La pensée est le pouvoir créateur, ou la force motrice qui pousse le pouvoir créateur à agir. » Ce pouvoir créateur est en vous. Tout au cours de l'histoire, les grands penseurs se sont tous mis d'accord sur ce point : nous devenons ce que nous pensons.

Ce que vous pensez, vous allez l'attirer. Tout opère sur des fréquences. Nous appelons une certaine substance *papier* à cause de la vitesse à laquelle elle vibre. Elle s'appelait *bois* et, avant cela, on l'appelait *terre*. La terre a été attirée par une graine. La graine a continué à attirer l'énergie pour devenir un grand arbre. On a coupé l'arbre pour le transformer en papier. C'est toujours la même énergie qu'il était lorsqu'il était terre. Simplement, il vibre maintenant à une vitesse différente.

Wattles continue :

> « Penser d'une *certaine manière* vous apportera la richesse, mais vous ne devez pas vous reposer sur vos seules pensées et oublier l'action personnelle. C'est là l'écueil sur lequel se sont échoués d'autres penseurs métaphysiques : ils ont omis de lier pensée et action personnelle. »

Si vous croyez qu'il vous suffit de rester là et de croire que votre désir va venir à vous, quelqu'un en blouse blanche va venir vous emmener chez les fous. Vous pouvez et devez agir selon vos idées. Bougez-vous et concrétisez vos désirs. Et si vos actions ne produisent pas les résultats espérés, vous feriez mieux d'examiner vos propres pensées.

Il existe différentes vibrations sur terre : celles des métaux, des pierres, des rocs. Ce sont toutes des énergies, mais elles vibrent toutes à une vitesse différente. Comme l'a dit Earl Nightingale, si je plante du maïs, un aliment doux, et si je plante de la belladone, un poison mortel, tout à côté, l'un poussera aussi vigoureusement que l'autre. Le maïs attire une énergie de la terre différente de celle de la belladone.

Prenez un gland. Certaines particules d'énergie sont en harmonie avec le gland. Grâce à cela, de tous côtés, ces particules vont se déplacer vers le gland. Une force d'attraction s'est créée et une certaine énergie va avancer vers le gland comme un bon petit soldat. Un plan orchestré se trouve dans le gland contrôlant sa vitesse de vibration. Il attire l'énergie qui est en harmonie avec lui et l'énergie devient un avec le gland. Le gland commence à grossir et perce la terre, il attire alors, de la terre et de l'atmosphère, tout ce qui est nécessaire à la création d'un chêne. L'énergie qui a créé le chêne était toujours présente. Elle a été attirée vers la graine. Le gland est dans la terre, l'énergie du chêne est dans l'univers et la loi d'attraction les a unis.

Pour paraphraser Earl Nightingale :
« Si je sème du maïs, un aliment doux,
et tout à côté de la belladone,
un poison mortel, l'un poussera
avec la même vigueur que l'autre. »
Assurez-vous de planter ce que vous désirez
dans le jardin de votre esprit !

Vous fonctionnez exactement de la même façon. Vous avez un plan configuré en vous : l'objectif que vous recherchez. Si vous n'avez pas d'objectif, alors vous avez un paquet d'idées sans rapport les unes avec les autres qui vous feront agir au hasard. Mais si vous avez un tableau clair, vous commencerez à grandir et cette image va se manifester en prospérité, satisfaction, bonheur, croissance et victoire. Si votre esprit est confus, vous vous disperserez. Tout cet argument est élémentaire et pourtant si mal compris.

Que devons-nous faire ? Nous devons être certains que nos pensées sont en harmonie avec la loi. Comparez votre vie à un sablier. Le sable en haut du verre représente le futur. Le sable en bas du verre représente le passé. Le passé a disparu. C'est terminé, c'est fini. Vous ne pouvez pas le changer. Vous ne savez pas combien de sable il vous reste dans le haut du verre. Il n'y a qu'une seule chose que vous savez, c'est que c'est ici et c'est maintenant. Alors ne vous inquiétez donc pas de ce que vous avez fait, ou de ce que vous allez faire à l'avenir. Que faites-vous en ce moment même ?

Si vous surprenez votre esprit à vagabonder, changez-le. De la confusion vient l'ordre. L'ordre est la première loi du ciel. Lorsque vous mettez votre esprit dans un état ordonné, tout commence à se dérouler magnifiquement. Quand commencez-vous ? Vous commencez immédiatement.

CHAPITRE NEUF

Agir d'une certaine manière

Beaucoup d'idées actuelles des plus influentes sur la réussite peuvent être attribuées à Napoleon Hill. Quand il était dans la vingtaine, il travaillait dans un magazine comme reporter. Le magazine allait faire un article sur les riches. C'est à Hill qu'on a confié la mission d'interviewer l'homme le plus riche du monde de cette époque : Andrew Carnegie. C'était en 1908. Hill a obtenu une interview de trois heures avec Carnegie.

Hill ignorait que Carnegie cherchait quelqu'un pour rédiger un ouvrage. Carnegie pensait que c'était scandaleux que des gens comme lui, Henry Ford, Thomas Edison, Harvey Firestone et d'autres allaient mourir sans avoir partagé toutes leurs connaissances. Tous étaient partis de rien. Carnegie venait d'Écosse, il était arrivé encore très jeune sur la côte Est des États-Unis. À partir de zéro, il était devenu l'homme le plus riche du monde.

Pendant que Hill interviewait Carnegie, celui-ci s'est dit : « C'est peut-être le type que je cherche. » Il cherchait quelqu'un qui pourrait organiser toutes ses connaissances et rédiger les lois de la réussite, afin que chacun puisse apprendre ce qu'il savait.

À la fin de l'interview, Carnegie a lancé : « Cette interview n'est pas terminée, elle ne fait que commencer. » Il a invité Hill à venir chez lui. Une aubaine pour Hill qui n'avait pas assez d'argent pour se payer une chambre d'hôtel.

Que se passait-il dans la tête du jeune homme ? Il n'avait pas assez d'argent pour se loger pour la nuit mais il se rendait dans la maison de l'homme le plus riche du monde. Cela aurait été déjà une aventure, mais il a passé trois jours avec Carnegie. Celui-ci continuait de lui poser des questions et lui-même continuait de poser des questions à Carnegie.

Au bout des trois jours, Carnegie a conclu qu'il avait trouvé son homme. Il a demandé : « Napoleon, vous avez recueilli toute cette information. Vous savez exactement comment je suis arrivé là où j'en suis. J'ai passé trois jours à partager avec vous toute ma philosophie. Je voudrais vous poser une question. Voudriez-vous consacrer le reste de votre vie à développer une idée pour laquelle vous ne recevrez probablement aucune compensation matérielle pendant au moins vingt ans ? »

À ce moment précis, Hill ne savait pas que Carnegie tenait un chronomètre dans la main, sous le bureau, et lui donnait soixante secondes pour répondre à la question. Hill a répondu : « Oui, je le ferai », en vingt-neuf secondes. (Je me suis souvent demandé si j'aurais accepté. Je pense que oui. Si j'avais passé trois jours avec cet homme, j'aurais bien compris que c'était quelqu'un de bien qui ne m'aurait pas demandé de faire quelque chose qui n'était pas éthique.)

Carnegie s'est expliqué : « Je veux que vous organisiez et écriviez les lois de la réussite. Je vous donnerai des lettres d'introduction pour les personnes les plus accomplies de ce monde. Vous n'aurez aucun mal à obtenir des rendez-vous. Je veux que vous passiez du temps avec ces personnes. Je veux que vous leur posiez des questions. »

Carnegie a poursuivi : « Napoleon, bien avant que vous n'ayez fini ce travail, tout ce qu'il y a en vous va vouloir arrêter. Au fait, je ne vais pas vous rémunérer. Vous allez devoir subvenir à vos besoins tout seul pendant que vous faites ce travail. Mais je vais vous donner quelque chose dont vous pourrez vous servir lorsque vous aurez envie de tout quitter. Je veux que vous vous disiez : "Andrew Carnegie, non seulement ma réussite sera égale à la vôtre, mais je vais vous défier à la course et monter avant vous sur le podium." »

Hill est sans argent, il a devant lui l'homme le plus riche du monde et il fait ce serment : « Andrew Carnegie, non seulement ma réussite sera égale à la vôtre, mais je vais vous coiffer au poteau et monter avant vous sur le podium. »

C'est alors que Hill a jeté son stylo par terre en disant : « Vous savez très bien que je ne vais jamais être capable de faire ça. »

Mais Carnegie lui avait appris que si vous implantez une idée dans votre esprit subconscient, elle doit se concrétiser. Il avait passé trois jours à lui expliquer cela, à lui dire que l'esprit subconscient prend pour vrai tout ce qu'on y implante et s'efforce ensuite de le réaliser dans le monde réel.

Carnegie a continué : « Je veux que vous me promettiez de vous regarder dans la glace tous les matins et tous les soirs, pendant trente jours et que vous répétiez cette phrase.

— Je le ferai », a répondu Hill.

Quand il a commencé à faire cet exercice, il s'est senti bête. Après la première fois, il s'est dit : « C'est idiot. C'est impossible que ça marche. » Mais il avait fait une promesse, il a donc décidé de continuer et de s'y tenir. Au bout d'une quinzaine de jours, il a pensé que, peut-être, cela pourrait arriver. À la fin du mois, il savait que cela arriverait.

Tout ce que je fais ici, c'est partager l'information recueillie par Hill. Je l'ai longuement étudiée. D'après les recherches que j'ai faites, j'ai conclu que Carnegie avait sans doute fait une cinquantaine de millionnaires. Napoleon Hill a sans doute fait des millions de millionnaires.

Hill avait une vision et s'était créé des amis très puissants. Son groupe de *mastermind* comprenait Thomas Edison, Henry Ford et Harvey Firestone. Demandez-vous qui sont vos partenaires *mastermind*. Qui fréquentez-vous ? Qui vous donne vraiment des conseils ? Je ne passe pas beaucoup de temps avec une personne qui n'est pas sur le chemin de la réussite, car sa façon de penser entrerait directement dans mon esprit subconscient. Earl Nightingale, un radiodiffuseur à Chicago, s'était associé avec Lloyd Conant. Ils ont sorti ensemble un disque : *The Strangest Secret* (*Le Secret le plus étrange*) qui s'est vendu à plus d'un million d'exemplaires dans le monde.

Je travaillais avec eux lorsqu'ils ont reçu le premier *Gold Record* (Disque d'or) pour un enregistrement vocal.

En 1963, j'ai eu entre les mains un magazine édité par W. Clement Stone : *Success Unlimited.* (Il précédait *Success*, le magazine actuel.) C'était une petite publication interne que Stone distribuait dans ses compagnies d'assurances. Dans les petites annonces du magazine, j'ai vu que Nightingale-Conant cherchaient des consultants. J'ai décidé : « Je vais faire ça. » En 1968, j'étais le vice-président des ventes.

Demandez-vous qui sont vos partenaires mastermind.
Qui fréquentez-vous ?
Qui vous donne vraiment des conseils ?

Comment en étais-je arrivé là ? C'est arrivé parce que j'écoutais sans arrêt ce disque, parce que j'écoutais sans arrêt mon mentor.

Vous avez une idée dans votre esprit conscient. Vous vous accrochez à cette idée et vous la plantez dans votre esprit subconscient. L'idée grandit, devient un désir et finalement change la vibration dans laquelle vous êtes et les résultats que vous obtenez. C'est vraiment toute la philosophie que Napoleon Hill nous a partagée.

En réalité, la plupart des gens tiennent le rôle de figurants dans leur propre vie.

Demandez-vous ce que vous voulez vraiment.

Voyez les niveaux de vibration comme des fréquences. Vous pensez en fréquences et ces pensées produiront les résultats que vous obtenez. Cependant, vous n'êtes jamais satisfait des résultats que vous obtenez, vous voulez toujours plus, alors vous vous dites : « C'est ce que je veux atteindre. » Mais vous reculez : « Je vais faire cela aussitôt que ceci va changer. Je vais faire cela aussitôt que j'aurai l'argent. Je vais faire cela aussitôt que les enfants auront quitté l'école. Je vais faire cela aussitôt que, aussitôt que… » Et, bientôt, la décision a disparu. Peu de temps après, l'objectif que vous recherchiez est abandonné lui aussi.

Pourquoi ? Parce que vos pensées sont descendues sur une fréquence plus basse, alors que votre objectif est sur une fréquence bien plus élevée. Votre esprit et vos pensées doivent opérer sur la même fréquence que votre objectif. Si votre esprit et vos pensées n'opèrent pas sur la même fréquence, votre objectif ne sera jamais atteint. Vous devez prendre une décision engagée : « Voici ce que je vais faire. »

Pour opérer sur une plus haute fréquence,
prenez une décision engagée.
Puis pensez et agissez comme la personne
que vous voulez devenir.

Quand vous commencez à parler de la science de l'enrichissement, vous ne vous amusez pas à prendre des décisions ordinaires. Il vous faut prendre une décision engagée : « Cela, je le ferai. »

Je vais vous dire ce qui se passe lorsque vous prenez une décision engagée. Vous devez penser et agir comme la personne que vous voulez devenir. Vous remarquerez que vous n'êtes plus sur cette fréquence inférieure. Vous êtes là-haut, sur une fréquence supérieure. Quand vous êtes sur cette fréquence supérieure, et que vous commencez à avoir ces pensées de réussite, le but doit immanquablement se manifester.

Le désir est le seul prérequis à la prise de décision : le désirez-vous ? C'est ce que Hill a commencé à comprendre après que Carnegie a passé trois jours à lui expliquer ces concepts. Il vous suffit de vouloir. C'est tout ce que vous avez à faire. Mais la plupart des gens n'apprennent jamais comment prendre une décision. Ils vont toujours le faire à un moment ou à un autre et ils gaspillent leur temps. Les gens qui réussissent prennent rapidement des décisions. Quand Carnegie a demandé à Napoleon Hill de prendre une décision, celui-ci l'a prise en seulement vingt-neuf secondes.

Mais Hill avait introduit quelque chose d'autre : la discipline. Si vous voulez que vos désirs se réalisent, il faut vous discipliner.

Quoi qu'il arrive, vous devez vous discipliner à vivre selon la loi. C'est ce que j'ai marqué au fer rouge dans mon esprit. C'est ce que je veux que vous marquiez au fer rouge dans votre esprit. Donnez-vous un ordre et suivez-le.

Vous devez avoir un objectif. Écrivez-le sur une carte que vous gardez dans votre poche. Je fais cela depuis le 21 octobre 1961. J'avais écrit que j'aurai 25 000 dollars en ma possession pour le 1er de l'an 1970. Je me suis donné presque dix ans pour atteindre cet objectif. Je ne pensais pas réellement que j'y arriverais, mais j'ai appris que si vous écrivez un mensonge sur une carte et le lisez suffisamment de fois, vous allez commencer à y croire. Déjà en 1900, le grand psychologue William James disait : « Croyez et votre croyance créera le fait. » Est-ce que ce sera facile ? Non, ce ne sera pas facile, ce sera dur.

Soixante ans, c'est long, mais je ne me suis jamais arrêté d'étudier cet enseignement. Je l'étudie chaque jour. Voici ce que j'ai appris : vous ne changez jamais les choses en luttant contre la réalité existante. Pour changer les choses, vous devez construire un nouveau modèle qui rend le modèle existant obsolète. C'est ce que l'étude de cet enseignement vous apprend. Impliquez-vous dans ce contenu. Partagez-le avec autant de personnes que possible. Il n'y a pas de limite à ce que vous pouvez accomplir.

Passons maintenant aux objectifs. Les objectifs de type A sont ceux que nous savons déjà atteindre. Les objectifs de type B sont ceux que nous pensons savoir déjà faire. Les objectifs de type C sont ceux que vous voulez réellement accomplir, mais vous ne savez pas comment. Vous n'avez pas *besoin* de savoir comment faire. Vous devez aller plus haut, là où tout est possible. C'est plus près que notre souffle. Qu'est-ce qui nous arrête ? Nos paradigmes. Notre programmation nous empêche de faire tout ce que nous sommes capables de faire.

Les gens m'interrogent parfois : si l'esprit est parfait, comment pouvons-nous avoir le manque dans nos âmes ? La vérité, c'est que vous n'avez aucun manque dans votre âme. Le manque est dans le paradigme qui, lui, bloque l'expression de l'âme. Vous n'avez pas une âme. Vous *êtes* une âme. C'est pourquoi la perfection se trouve en vous. Cette perfection cherche son expression en vous et à travers vous. Pourquoi croyez-vous que nous désirions obtenir des biens ? La vraie raison sous-jacente, c'est d'exprimer la perfection qui est en nous. Personne ne sait ce que nous sommes capables d'accomplir.

Un objectif de type A implique de faire quelque chose que vous savez déjà faire. Il y a des années, un homme s'est approché de moi et m'a demandé :

« Eh, Bob, j'aimerais que vous me parliez de mon objectif.

— Quel est votre objectif ?

— Je veux une nouvelle voiture.

— OK, c'est un objectif valable. Quel genre de voiture voulez-vous ?

— Une Pontiac.

— J'ai eu des Pontiac, ce sont de bonnes voitures, ai-je dit. Et vous conduisez quoi en ce moment ?

— Une Pontiac.

— Vous l'avez depuis combien de temps ?

— Quatre ans.

— Donc, ce que vous venez de me dire, c'est que vous avez acheté une nouvelle Pontiac il y a quatre ans.

— Oui.

— Vous savez depuis quatre ans comment obtenir une Pontiac, alors ce n'est pas un bon objectif. Je ne veux pas dire que vous ne devriez pas avoir une Pontiac, mais cela ne constitue pas un objectif. Un objectif, c'est quelque chose que vous ne savez pas obtenir. »

Quand la plupart des gens font la transition et vont au-delà de ce qu'ils savent déjà obtenir, ils poursuivent ce qu'ils pensent savoir faire. Ils se fixent un objectif ainsi : « Si je reçois cet argent, si elle me paie ce qu'elle me doit, s'il me donne ce dont j'ai besoin, s'ils font ceci, s'ils font cela, si tout rentre dans l'ordre, alors je pourrai atteindre mon objectif. »

Il n'y a là aucune inspiration. Vous devez vous élever jusqu'au niveau où la couche d'air est un peu mince. Vous devez utiliser votre imaginaire. Malheureusement, quand nous étions enfants, on nous a appris à ne pas fantasmer. Si nous allons vers notre objectif, mais n'obtenons pas de soutien et qu'au final nous ne réussissons pas, nous revenons au point de départ. La plupart des gens resteront là tout simplement. Osez aller chercher ce que vous désirez. Pariez sur vous-même. La chose la plus sûre au monde, c'est vous.

Il y a trois stades de création : l'imaginaire, la théorie, le fait. Vous pensez à ce que vous désirez, vous commencez à l'imaginer et votre esprit s'emplit d'une merveilleuse image.

Vous n'allez pas obtenir ce que vous désirez simplement par votre imaginaire. Vous devez entreprendre la prochaine étape. Votre imaginaire doit devenir théorie.

Lorsque vous utilisez votre esprit de raisonnement, vous commencez à penser à ce que vous désirez, mais vous devez passer un test avant de pouvoir transformer la théorie en objectif. Vous devez vous demander : « Suis-je capable de faire cela ? » Bien sûr, vous pouvez le faire puisque vous avez un potentiel infini.

Puis il faut vous demander : « Est-ce que je suis prêt ? Est-ce que je suis prêt à faire ce qui doit être fait ? » Vous devez être disposé à faire ce qui doit être fait, c'est ce que Hill a décidé.

Après avoir lu les écrits de mon mentor et écouté ses audios, j'ai décidé que j'agirais ainsi.

En 1973, je travaillais toujours à Chicago chez Nightingale-Conant Corporation, mais je les ai quittés pour une seule raison. Je vendais des disques et des cassettes. Je voyais les gens les acheter, mais ils ne les utilisaient pas. J'ai expliqué à Lloyd Conant :

« Lloyd, nous devrions leur donner les cassettes, vendre des séminaires et leur donner les enregistrements.

— Non, non, a-t-il répondu, nous allons laisser Dale Carnegie s'occuper des séminaires et nous allons rester dans la vente des enregistrements. »

J'ai su alors qu'il était temps que je parte. J'étais allé là pour apprendre. J'avais appris. De retour chez moi, seul dans une petite pièce de ma maison, à Glenview, dans l'Illinois, j'ai pris un stylo et j'ai écrit : « Je vais bâtir une entreprise qui opérera dans le monde entier. »

J'ai déclaré : « Oui, je le peux. Oui, je suis prêt », et bingo ! Cela est devenu mon objectif. Puis, j'ai transformé mon objectif en réalité. Nous intervenons désormais à des événements dans tous les pays. Et nous avons des consultants dans quatre-vingt-douze pays.

Une fois un objectif atteint, vous vous trouvez dans une position d'où vous construisez des images plus grandes et plus profitables. C'est ainsi que fonctionne le processus de création.

Il faut élargir votre zone de confort, les amis. Il faut vraiment vous déployer. Vous devez poursuivre un objectif de type C. Vous n'avez pas besoin de savoir comment l'atteindre, mais vous devez savoir que vous allez l'atteindre. C'est aussi simple que cela.

Napoleon Hill disait : « Il y a une différence entre vouloir une chose et être prêt à la recevoir. Personne n'est prêt à recevoir un bien à moins de croire qu'il peut l'acquérir. L'état d'esprit doit être la croyance et non le simple espoir ou le simple désir. » La plupart des gens espèrent et souhaitent que les choses se feront, mais cela ne marchera pas. Cela n'a jamais marché. Vous devez croire à l'accomplissement de vos désirs. C'est quand vous y croyez que les choses commencent alors à se produire.

Napoleon Hill ajoutait : « Il ne faut pas plus d'effort pour viser haut, pour exiger l'abondance et la prospérité, qu'il n'en faut pour accepter la misère et la pauvreté. » Je vais vous montrer maintenant comment et pourquoi cela fonctionne. Si l'on vous photographiait avec une caméra Kirlian, l'énergie qui sort de vous serait si puissante qu'elle pénétrerait la caméra et l'on pourrait ainsi photographier l'énergie quittant votre corps. Vous êtes une âme puissante. Comme nous l'avons vu précédemment, une fréquence est un niveau de vibration. Il y a un nombre infini de fréquences. Chacune est connectée à celle qui est au-dessus et à celle qui est en dessous. Il n'y a pas de ligne de démarcation. Ce qui signifie que vous pouvez aller au-delà de vos cinq sens. Vous devez aller dans la quatrième dimension, une dimension de pensée plus élevée qui est au-delà du corps.

Einstein disait que l'esprit intuitif est un don sacré et l'esprit rationnel est un serviteur fidèle. Nous avons créé une société qui honore le serviteur et a oublié le don. Nous avons toutes ces facultés supérieures – la perception, la mémoire, l'imagination, la raison, l'intuition et la volonté. Ce sont les outils qui nous connectent à l'invisible.

Si vous réfléchissez en toute sincérité sur votre vie, vous verrez comment vous en êtes arrivé là où vous êtes. Tout ce que vous avez n'est qu'une expression de votre propre niveau de conscience. Souvenez-vous du moment où vous avez quitté l'école et obtenu votre premier travail, de votre première rencontre avec votre partenaire, de la première fois où vous êtes monté dans un avion, etc.

Regardez où vous en êtes maintenant. Je vais vous dire quelque chose : vous n'allez pas être satisfait de là où vous en êtes maintenant. Vous voulez aller plus loin. Pourquoi ? Parce que vous êtes un être spirituel et l'esprit veut toujours plus d'expansion et plus d'expression, mais nous n'avons pas besoin de savoir comment aller là où nous voulons arriver.

Quand nous étions enfants, nous disions à nos parents : « Maman, papa, je veux ça ! » Ils répondaient : « Et comment tu vas t'y prendre ? » Nous ne le savions pas, alors nous avons simplement abandonné ce désir, nous l'avons laissé disparaître.

Nous vivons sur une fréquence radio AM et nous essayons de trouver de la musique sur une fréquence FM. Si vous téléphonez à votre frère, vous n'allez pas obtenir votre mère au bout du fil. Vous devez être sur la fréquence du bien que vous désiriez. À partir du moment où votre croyance s'accorde avec un état d'être, à partir du moment où vous croyez que vous pouvez faire ce que vous avez envie de faire, vous fusionnez avec votre désir. Vous êtes impliqué émotionnellement, intellectuellement et physiquement, tout votre être vibre sur cette fréquence et vous savez intimement que vous pouvez le faire. Vous ne savez pas comment, mais vous savez que vous le pouvez.

Ce nouvel état de conscience vous devient familier. C'est là que vous devez vivre. Ne le quittez pas, restez là. C'est votre demeure et c'est votre atelier. Si vous êtes observateur, vous allez voir votre réalité extérieure se façonner sur le modèle de votre imagination.

Quand vous accédez à une plus haute fréquence, vous allez communiquer avec un monde totalement étranger à vos cinq sens et hors de leur atteinte. Vous n'allez pas voir comment faire cette communication. C'est sans importance. Ayez confiance en moi. Croyez en ce que disent ces auteurs. Croyez en ce que je vous dis. Cessez de parler avec le voisin ou avec votre beau-frère.

Steve Jobs, le fondateur d'Apple, disait que vous ne pouvez pas relier les points en regardant vers l'avenir, vous ne pouvez les relier qu'en regardant vers le passé. Quand vous arrivez là où vous vouliez aller et regardez le chemin parcouru, vous voyez comment tout s'est déroulé, mais vous ne savez pas comment cela *arrivera*. Vous devez avoir confiance, si bien que vous commencerez à bouger et n'est-ce pas étrange ? Tous les morceaux se mettront en place.

Vous devez contrôler le flux de l'énergie de pensée. Vous devez lui permettre de s'écouler librement vers vous et à travers vous.

Quand vous atteignez une fréquence plus haute,
vous allez communiquer avec un monde totalement
étranger et hors d'atteinte de vos cinq sens.

Pour se déplacer jusqu'à une séquence de pensée bien plus élevée, vous devez d'abord y consentir. Il faut que ce soit votre décision. Puis, vous devez vous adapter aux idées et aux sentiments représentés par la nouvelle fréquence. Personne d'autre ne peut vous aider.

Ce ne sera pas toujours facile. À la simple suggestion d'un changement, votre paradigme va instantanément entamer un vrai combat. Il vous attaquera continuellement. Vous devez prendre le contrôle conscient de votre paradigme et le remplacer. Sinon vous resterez là où vous êtes. Vous pouvez vous faire aider, mais, au bout du compte, c'est vous qui devrez agir.

Quand je vous ai demandé : que voulez-vous vraiment ? Une idée vous est peut-être venue à l'esprit, mais vous l'avez probablement écartée en vous disant : « Je ne pourrais pas faire ça. Nous ne pouvons pas nous le permettre. Je ne connais pas les bonnes personnes. » Vous allez vous heurter à un mur de briques, mais ce ne sont pas des briques, ce n'est pas un mur. C'est imaginaire.

Si vous vous accrochez à votre objectif, vous devrez passer par quatre stades de croissance qui vous amèneront à la compréhension et à la liberté.

Le premier stade est celui de la *servitude*. À la base, vous avez votre conditionnement de type X – celui que vous avez depuis longtemps. Par conséquent, votre comportement est de type X, vos actions sont de type X et vos pensées de type X, et voilà ! Vous obtenez des résultats de type X.

La plupart des gens vivent en servitude. En fait, vous pourriez voir certaines personnes qui ont, selon vous, beaucoup de succès, mais si elles font la même chose encore et encore, et si elles ont les mêmes pensées encore et encore, elles sont en servitude.

Si vous vous accrochez à votre objectif,
vous allez traverser quatre stades de croissance
qui aboutiront à la compréhension et à la liberté.

Pour continuer à grandir, vous devez sortir du stade de la servitude pour aller à celui de la *raison*, là où vous commencez à entretenir une idée Y. Une idée Y est une grande idée, différente de celles que vous êtes conditionné à penser. Vous commencez à entretenir cette idée, mais seulement dans votre esprit conscient. Vous en êtes encore à faire des actions de type X et à obtenir des résultats de type X. Encore moins de gens dépassent ce stade – seul un petit pourcentage de la population le franchit.

Quand vous avez dépassé cette étape, vous arrivez au stade de la *barrière de la terreur*. Le stade final, que très peu atteignent, implique de traverser la barrière de la terreur pour entrer dans le stade de la *liberté*. C'est ce que nous recherchons tous.

Regardons cela un peu plus attentivement. Disons que vous réussissez bien votre vie, mais tout est en harmonie avec votre conditionnement de type X. L'auteur métaphysique, Thomas Troward, l'appelle un *cercle d'ignorance* :

> « Habituellement, nous préférons regarder le côté mécanique des choses. Tout est fait mécaniquement depuis la sculpture sur un meuble jusqu'à l'arrangement du système social. C'est le mécanisme qui doit être d'abord pris en considération et l'esprit doit se conformer aux exigences mécaniques. Nous entrons dans le mécanisme des choses au lieu de l'esprit des choses, nous limitons ainsi l'esprit et refusons de le laisser agir à sa façon. En conséquence, nous obtenons des actions entièrement mécaniques et complétons notre cercle d'ignorance pensant que c'est la seule forme d'action possible. »

Disons que vous êtes dans cet état de servitude et que vous avez un conditionnement de type X dans votre esprit subconscient. Cela est votre paradigme, la partie émotionnelle de votre personnalité. Dans votre esprit conscient, vous allez entretenir uniquement des pensées de type X. Un nombre incalculable d'idées flottent dans votre esprit, mais vous les filtrez afin de vous débarrasser de celles qui ne seraient pas en harmonie avec votre conditionnement de type X. Vous devez dépasser ce stade et commencer à entretenir de nouvelles idées – des idées que votre niveau de conscience n'a pas encore explorées.

Pour dépasser ce stade et changer les résultats dans votre vie, vous déclarez : « Je vais étendre le champ de ma conscience. » Vous passez alors au stade 2 : la raison. Vous avez cette magnifique idée qui vous enthousiasme. Vous y pensez et commencez à jouer avec elle dans votre esprit conscient. Vous utilisez vos facultés intellectuelles, votre imagination. Vous pensez : « Ouah ! je pourrais faire ça. »

À ce stade, vous imprimez votre idée sur votre esprit subconscient, vous vous y impliquez émotionnellement et vous vous imaginez l'accomplir. Et puis, boum ! Vous vous heurtez à la barrière de la terreur. L'inquiétude, le doute, la peur et l'angoisse vous assaillent. C'est comme si votre système nerveux central avait fait un court-circuit et tout ce que vous voulez alors, c'est retourner en vitesse dans votre zone de confort.

La plupart des gens restent coincés là. S'ils avancent jusqu'à ce point, ils atteignent la barrière de la terreur et retournent à l'abri à toute allure. Ils font et refont cela, pour finalement se dire : « Après tout, ce n'est pas si mal ici. »

Pourquoi est-ce un endroit si effrayant lorsqu'on l'atteint ? Parce que l'ancien et le nouveau conditionnement sont comme l'huile et l'eau. Ils ne se mélangent pas, créant une vibration chaotique. Il se peut que vous ayez des maux de tête, ou que vous vous sentiez nauséeux, ou que simplement vous ressentiez le chaos et l'angoisse. C'est naturel. C'est ce que l'on ressent quand on se heurte à la barrière de la terreur. C'est le paradigme combattant le rêve et vous ne devez pas laisser le paradigme gagner. Malheureusement, lorsque les gens échouent à traverser la barrière de la terreur et retournent à l'abri, ils dégringolent l'échelle de leur estime de soi. Mais il vous faut aller au stade suivant. Joseph Campbell l'a très bien dit : « La caverne dans laquelle vous avez peur d'entrer renferme le trésor que vous cherchez. »

*C'est le paradigme combattant le rêve
et vous ne devez pas laisser le paradigme gagner.*

Quand vous faites face à votre peur, vous faites automatiquement l'expérience de l'accroissement que vous cherchez. C'est une partie spirituelle de vous-même qui recherche cette croissance. C'est quelque chose que vous désirez vraiment. Cela vous inspire. C'est le désir de votre cœur. Vous devez tout traverser jusqu'au dernier stade, afin qu'il devienne vôtre. C'est cela la liberté.

À cette phase, vous avez imprimé votre idée sur l'esprit subconscient. Vous devez continuer à l'imprimer encore et encore, car c'est toujours une énergie mélangée – faite des anciens et des nouveaux paradigmes. Vous continuez à les mélanger jusqu'à ce que finalement vous ayez changé votre paradigme.

Devinez ce que vous devez faire à ce stade. Établir un objectif supérieur et plus ambitieux. Mais vous avez goûté à la liberté et cela vous plaît, car c'est l'essence de qui nous sommes. L'esprit désire cette liberté et cette expansion.

Je vous ai déjà parlé de la précipitation mentale. La précipitation est une peur et, par conséquent, destructrice. Il se peut que vous l'éprouviez à ce stade de la terreur. Vous restez immobile, mais c'est comme si vos jambes faisaient du surplace, et vous voulez tout simplement sortir de là. Allez-vous revenir en arrière en courant, ou allez-vous traverser la barrière de la terreur ? Sautez : il vous poussera des ailes en chemin !

Alors que vous traverserez la barrière de la terreur, vous serez si fier et si reconnaissant de l'avoir fait. Parfois vous recevez un e-mail ou vous avez une conversation qui vous confirme que vous êtes sur la bonne voie et vous vous sentirez si bien. Si vous recevez une communication de ce genre, vous pourriez l'imprimer, la faire laminer et la garder précieusement.

Maintenant, demandez-vous à quel stade vous pensez être en ce moment même. Il se peut que vous ayez déjà fait ce processus auparavant et que de grands changements soient arrivés dans votre vie. Alors peut-être avez-vous arrêté de grandir, d'étudier, de travailler sur vous-même. À quel stade en êtes-vous en ce moment même ? C'est la seule chose qui soit vraiment importante.

Il s'agit d'être prêt à changer de pensée et d'aller contre un fort courant. C'est la clé. Faites seulement ce que vous pouvez faire chaque jour. Il se peut que vous ne voyiez pas que cela fonctionne, pourtant c'est le cas si vous maintenez l'idée, si vous vous y impliquez émotionnellement, si vous imprimez sur votre subconscient et agissez en harmonie avec lui. Faites tout ce que vous pouvez faire chaque jour. Soyez disposé à changer vos pensées et à nager à contre-courant. Traversez cette barrière de la terreur. Cela n'arrive pas par accident, mais c'est une chose magnifique quand c'est vous qui la créez. Votre esprit veut grandir et s'exprimer davantage.

Les quatre stades d'accroissement lorsque l'on poursuit un but :

- stade un : la servitude ;
- stade deux : la raison ;
- stade trois : la barrière de la terreur ;
- stade quatre : la liberté.

CHAPITRE DIX

L'impression d'accroissement

Tout le monde désire s'accroître. Examinons ce qu'en dit Wallace Wattles :

> « L'accroissement, c'est ce que recherchent tous les êtres humains : l'élan de l'intelligence informe en chacun, cherchant à s'exprimer davantage. Le désir d'accroissement est inhérent à toute la nature. C'est l'impulsion fondamentale de l'univers. Toutes les activités humaines sont fondées sur le désir d'accroissement. Les gens cherchent davantage de nourriture, de vêtements, de meilleurs logements, plus de luxe, de beauté, de connaissances, de plaisir. Ils cherchent l'accroissement dans quelque chose, ils cherchent plus de vie. Chaque entité vivante est soumise à la nécessité d'un avancement continuel. Là où cesse l'accroissement de la vie, la dissolution et la mort règnent immédiatement. L'être humain sait cela instinctivement ; par conséquent, il recherche plus, incessamment. »

Et pourtant, on éduque beaucoup d'entre nous à penser qu'ils ne devraient pas vouloir plus qu'ils n'ont.

Notre conditionnement peut remonter à des générations et des générations : « Tu n'as pas besoin de tout cela. Sois heureux. Sois satisfait avec ce que tu as. »

Ce n'est pas irréfléchi de vouloir plus que ce que l'on a. Si nous savons qui nous sommes et si nous comprenons notre nature spirituelle, bien sûr, nous voulons davantage. Nous voulons l'expansion. Nous sommes la plus haute forme de création de Dieu, nous voulons donc créer et cela signifie s'accroître. Lorsque nous comprenons que chacun a ce désir, nous devons savoir comment le donner à autrui. Wattles écrit : « Vous pouvez donner cette impression en ayant cette foi inébranlable que vous-même êtes sur le chemin de l'accroissement et en laissant cette foi inspirer, emplir et imprégner chaque actions. »

Ce n'est pas toujours facile de rester dans cet état et de le laisser imprégner chaque action que vous prenez. Parfois vous faites face à des problèmes, vous commencez à penser au manque et aux limites, vous êtes stressé, vous vous confrontez aux problèmes et vous irradiez cette énergie. Mais si nous changeons notre perception, nous nous rendons compte que ces problèmes sont une façon pour nous de grandir et d'élever notre attention consciente. Et si nous élevons notre attention consciente, nous recevons plus que nous donnons.

Nous sommes la plus haute forme de création de Dieu, c'est pourquoi nous voulons créer, ce qui signifie grandir.

Comme l'écrit Wattles, nous devons « maintenir la pensée d'avancement de telle façon que tous ceux avec qui [nous entrons] en contact aient l'impression d'une croissance. » Il est vital de continuer à grandir, à élargir notre conscience, à entretenir des idées nouvelles. Ainsi, nous pouvons continuellement transmettre davantage à autrui.

Laissez-vous les gens avec l'« impression d'accroissement » ? Tout ce que vous pensez – pas seulement ce que vous dites – est transmis aux personnes autour de vous. Et si leur esprit subconscient est grand ouvert, paroles et pensées y pénètrent directement. Si vous n'êtes pas sûr de vous, si vous êtes en colère, frustré, si vous ressentez le manque ou la restriction, vous transmettez tout cela aux autres et ils vont éprouver les mêmes sentiments que vous.

Qu'est-ce que vous irradiez ? Chacune de vos pensées affecte autrui, alors ne soyez pas cette personne qui pense négativement, qui se plaint, ou qui pinaille. Ne perdez pas de vue que tout ce que vous envoyez revient vers vous. Voyez l'abondance, voyez les opportunités, ressentez-les vraiment. Voyez l'expansion et donnez-la à tous ceux qui entrent en contact avec vous. Tout le monde veut la liberté, l'expansion, l'expression de soi, car, tous, nous voulons plus de vie. Quand vous pouvez donner cela aux autres, vous aurez leur affection.

L'outil de changement de paradigme le plus puissant sur terre, c'est l'âme humaine en feu.

L'outil de changement de paradigme le plus puissant sur terre, c'est l'âme humaine en feu. Earl Nightingale parlait du rêve qui surgit, d'une chose dynamique, invisible aux yeux du monde sauf à la personne qui le possède. Il vous entraîne, vous êtes en feu et vous grandissez. Vous donnez davantage à autrui juste par la vertu d'élever votre niveau de conscience. Vous augmentez votre capacité à laisser chacun avec une impression d'accroissement.

Les résultats que vous obtenez dans votre vie sont une expression de votre niveau de conscience. Si vous observez les gens, vous pouvez voir où ils en sont. Vous pouvez voir quel est leur niveau de conscience. Quand vous êtes contrarié par certaines personnes, souvenez-vous que leur conscience est sur un certain niveau, alors que votre niveau de conscience est sur un autre. Elles ne comprennent pas où vous êtes, ni comment vous y êtes arrivé, mais vous pouvez voir où elles sont et comment elles y sont arrivées. Ne les critiquez pas, ne soyez pas frustré par elles, comprenez simplement qu'elles ne savent pas.

La même chose vaut pour vous. Quand vous êtes avec quelqu'un placé sur un plus haut niveau de conscience que vous, vous n'allez pas nécessairement comprendre ses paroles. Ouvrez votre esprit et dites simplement : « D'accord, je vais continuer à grandir. Je vais continuer à avoir de meilleurs résultats, parce que je vais continuer à élargir mon niveau de conscience. »

« La réponse à vos prières ne dépend pas de la foi que vous éprouvez lorsque vous parlez, dit Wattles, mais de votre foi lorsque vous travaillez. » Laissez tout ce que vous accomplissez prouver votre foi.

Vous voyez des gens qui luttent, alors même qu'ils sont éduqués et bardés de diplômes. Bien des choses dans leur vie indiqueraient qu'ils devraient être vraiment prospères et pourtant vous les voyez lutter et s'enliser. Puis, vous voyez d'autres personnes, qui n'ont peut-être pas ce que l'on penserait nécessaire à la réussite, qui pourtant ont des succès incroyables.

Pourquoi ? À cause de ce qui se passe dans notre esprit. Nous devons donc être toujours conscients de ce qui se passe dans notre esprit et nous devons le contrôler. C'est un jeu de l'esprit et nous devons être responsables de ce jeu.

Des objectifs performants vous inspirent à monter vers de plus hauts niveaux de conscience, de richesse, de bonheur. Une loi fondamentale de la vie stipule que tout dans l'univers est soit dans un état de création, soit dans un état de désintégration. Vous ne pouvez pas rester au même endroit. Soit vous avancez, soit vous reculez ; vous devez donc vous assurer que vous avancez. Absolument rien ne reste statique. Votre vie avance dans une direction ou dans une autre et c'est votre choix. Quelle direction allez-vous prendre ? Êtes-vous en train de créer ? Êtes-vous en train d'élever votre niveau de conscience ou êtes-vous en train de descendre, de vous désintégrer, de reculer ? C'est votre choix.

Une bataille fait rage à l'intérieur de vous, tout comme la bataille d'Armageddon : la partie supérieure de votre personnalité vous pousse à créer et à exprimer davantage de vous-même, tandis que l'autre partie vous répète : « Attends, reste là où tu es. » Elle essaie de vous décourager.

Vous devez gagner la bataille. Assurez-vous de vous déplacer toujours vers la partie supérieure.

Wattles écrit : « Le désir normal pour une plus grande richesse n'est pas une chose impie ou répréhensible. C'est simplement le souhait d'une vie plus abondante. C'est une aspiration. Puisque c'est l'instinct le plus profond de leur nature, tous les êtres humains sont attirés vers l'individu qui leur donnera davantage de ressources. »

Votre partie supérieure vous pousse à créer, à grandir. Votre ancien paradigme veut vous décourager, vous devez donc continuer d'avancer vers de nouveaux niveaux de conscience. Rappelez-vous : vous n'avez pas besoin de savoir comment vous allez le faire.

Votre côté supérieur vous exhorte à créer, à grandir. L'ancien paradigme veut vous maintenir sur place, vous devez donc continuer à avancer vers de nouveaux niveaux de conscience.

Il vous suffit de savoir que vous le ferez. Lorsque vous continuez à avancer et à agir, à faire ce que vous pouvez chaque jour, vous allez créer de nouvelles conditions et de nouvelles circonstances. Votre environnement changera et, en vous adaptant à ces changements, vous pourrez voir la prochaine étape.

Vous pouvez alors monter au prochain niveau, vers un niveau de vie supérieur. Le chemin vous est révélé alors que vous continuez à vous élever, mais la bataille continue. Pourtant, vous savez quoi ? Cela devient plus facile de gagner cette bataille et de continuer à grimper.

Il y a une bonne histoire au sujet de Jimmy Carter et de l'amiral Hyman Rickover, que Carter relate dans son ouvrage :

Why Not the Best? (*Pourquoi pas le meilleur ?*). Carter était diplômé de la Naval Academy (l'Académie navale) et aurait voulu entrer dans le programme de sous-marins nucléaires. Comme le travail était intense, il fallait passer un processus de sélection sévère dont une interview de deux heures avec l'amiral Rickover. Ce dernier était l'officier qui avait le plus longtemps servi dans les forces armées des États-Unis. Il avait passé plus de soixante ans dans la marine et on le considère comme le père du programme nucléaire.

Carter savait qu'il allait avoir un entretien de deux heures avec Rickover et tout le monde lui avait dit que ce serait vraiment intense. On pouvait choisir d'être interrogé parmi une liste de sujets. Carter avait choisi d'être interrogé sur ses préférés, comprenant la musique et la balistique.

Pendant l'interrogation, Rickover posait une série de questions qui devenaient de plus en plus difficiles. Carter a raconté que Rickover ne sourcillait ou ne souriait jamais. Il le regardait bien en face et lui posait sa question. Carter en est arrivé au point où il était en sueur, car il s'était vite rendu compte qu'il n'en savait pas autant qu'il aurait dû sur n'importe quel sujet. Rickover en savait tellement plus que lui.

Rickover a abordé le sujet de l'Académie navale et demandé : « Quels étaient vos résultats à l'Académie navale ? » Carter était soulagé d'entendre la question car il avait bien réussi à l'Académie navale. Il s'est rengorgé en disant : « J'étais le 59e sur 820. » Carter s'attendait à ce que Rickover le félicite, mais celui-ci l'a simplement regardé et lui a tourné le dos pour lui poser une dernière question : « Avez-vous fait de votre mieux ? »

Carter a réfléchi une minute et commencé à dire oui. Mais il savait qu'il était en face de Rickover, il a donc répondu : « Non, je n'ai probablement pas fait de mon mieux dans tous les domaines. »

Rickover s'est retourné pendant une seconde pour dire : « Pourquoi pas ? » Puis, il a tourné le dos à Carter à nouveau et ne s'est plus retourné.

Carter est resté assis un moment, puis il est sorti de la pièce, se sentant extrêmement mal. Mais les choses ont bien tourné pour lui, car cette question l'a conduit à toujours faire de son mieux. Et, bien évidemment, il a fini à la Maison Blanche.

« Vous recevez un accroissement continu pour vous-même, écrit Wattles, et vous le donnez à tous ceux avec qui vous entrez en relation. Vous êtes un centre de création, duquel l'expansion se répand vers tous. »

Vous êtes un canal par lequel Dieu travaille et Dieu veut que vous fassiez de votre mieux. Vous êtes un canal et vous avez ce pouvoir. En devenant plus conscient de cette vérité, vous pouvez transmettre plus d'expansion. C'est de cela que parle Wattles. C'est de cela que parlait Rickover : faire de son mieux. L'écrivain Robert Russell l'a très bien écrit : « Il n'y a pas de secret pour la grandeur. Il s'agit seulement d'accomplir parfaitement les petites choses, chaque jour. »

Alors que cet ouvrage se termine, permettez-moi de vous rappeler l'essentiel : vous n'avez qu'une vie à vivre, vous n'avez qu'une chance de mordre dedans. Si vous ne vivez pas la vie que vous voulez vraiment vivre, il vaut mieux en changer.

« Il n'y a pas de secret pour atteindre la grandeur.
Il s'agit seulement d'accomplir parfaitement
les petites choses, chaque jour. »
– Robert Russell

Au sujet des auteurs

Pour des millions de gens à travers le monde, le nom de Bob Proctor est synonyme de réussite. Bien avant que son intervention dans le film *Le Secret* ne l'ait propulsé au rang de star, il était déjà une légende dans le domaine du développement personnel. Ses perceptions, son inspiration, ses idées, ses systèmes et ses stratégies ont été les étincelles qui ont déclenché des transformations de carrière, des révélations personnelles, des éveils intimes et la création de fortunes de plusieurs millions dans le monde entier.

Bob était l'héritier de cette science moderne du succès qui avait commencé avec le philanthrope Andrew Carnegie. Carnegie avait commissionné Napoleon Hill, alors jeune reporter, pour trouver une formule de la réussite, ce qui avait poussé Hill à écrire un ouvrage célèbre : *Réfléchissez et devenez riche.*

Suite à la lecture de ce livre, à l'âge de 26 ans, la vie de Bob a changé instantanément et l'a conduit à sa propre quête des secrets de la réussite. Cette quête l'a conduit à Earl Nightingale, le célèbre « doyen du développement personnel », qui est rapidement devenu le collègue de Bob et son mentor. Bob a continué de s'appuyer sur le fabuleux enseignement de ces trois géants et à le diffuser, jusqu'à sa mort en février 2022.

Bob Proctor travaillait avec de grands pontes du monde des affaires et avec des individus du monde entier en tant que speaker, auteur, consultant, coach et mentor. Il a transmis les fondations mentales du succès, la motivation pour réussir et les stratégies exploitables qui incitent les individus à grandir, s'améliorer, et réussir dans ce monde en perpétuel changement.

Sandy Gallagher était une avocate réputée dans le droit bancaire. Elle gérait des milliards de dollars pour des fusions et acquisitions, des introductions en Bourse et autres transactions importantes. Elle était aussi conseillère auprès de conseils d'administration et de cadres supérieurs de sociétés Fortune 500.

C'est alors qu'une rencontre avec l'autorité dans le développement personnel, Bob Proctor, a mis Sandy sur une nouvelle voie qui a changé sa vie. À travers l'enseignement de Bob, Sandy a finalement compris le « pourquoi » de toutes ses réussites et elle a su que sa prochaine mission de vie serait d'enseigner aux autres comment faire ce qu'elle avait fait. Elle était déterminée à s'associer avec Bob afin d'accomplir cette mission.

Sandy a finalement collaboré avec Bob sur un programme appelé *Thinking into Results* (*Penser aux résultats*), qui est à présent le programme de transformation pour entrepreneurs le plus puissant du genre.

Au Proctor Gallagher Institute, Sandy Gallagher et l'équipe formée par Bob continuent d'enseigner les principes, stratégies et fondamentaux qui aident les personnes et les organisations à créer les résultats qu'ils désirent.

La loi de compensation stipule que la quantité d'argent que vous gagnez se compose de trois facteurs :

1. la demande pour ce que vous faites ;
2. votre habileté à le faire ;
3. la difficulté à vous remplacer.

Composition et mise en pages
Nord Compo à Villeneuve-d'Ascq

Achevé d'imprimer en mai 2023
sur les presses de la Nouvelle Imprimerie Laballery
58500 Clamecy
Dépôt légal : juin 2023
Numéro d'impression : 305279

Imprimé en France

La Nouvelle Imprimerie Laballery est titulaire de la marque Imprim'Vert®